1등의 영업비법

기꺼이 사게 만드는 **프로영업인**의 비밀!

1등의 영업비법

초 판 1쇄 2019년 03월 27일

지은이 이동현
펴낸이 류종렬

펴낸곳 미다스북스
총 괄 명상완
에디터 이다경

등록 2001년 3월 21일 제2001-000040호
주소 서울시 마포구 양화로 133 서교타워 711호
전화 02) 322-7802~3
팩스 02) 6007-1845
블로그 http://blog.naver.com/midasbooks
전자주소 midasbooks@hanmail.net
페이스북 https://www.facebook.com/midasbooks425

© 이동현, 미다스북스 2019, *Printed in Korea*.

ISBN 978-89-6637-653-7 03320

값 **15,000원**

고객을 끌어오지 말고 고객이 선택하게 하라!

1등의 영업비법

기꺼이 사게 만드는 프로영업인의 비밀!

이동현 지음

Speech   Customer   Preparation

미다스북스

1등의 영업 비법으로 최고의 세일즈를 하라

우리가 원하는 정보가 있다면 이용 가능한 매체들이 많다. 나는 그중에서도 책을 좋아한다. 많은 정보 수단 중에서 향기를 느낄 수 있는 건 오직 책뿐이라 생각한다. 하루에도 엄청난 양의 책이 출판된다. 그동안 세일즈 주제의 책을 많이 구매했다. 부실한 내용에 실망한 적도 많았다. 난 이런 이유로 책을 쓰고자 결심했다. 나의 경험과 생각을 독자들과 공유하고 싶었다. 영업인들은 알아야 한다. 몇 가지 세일즈 기법만으로는 원하는 수준을 달성하기란 불가능하다. 세일즈 기법보다 더 중요한 것이 있다. 난 이 책을 통해 그 사실을 전하고자 한다.

영업과 인간관계는 일치하는 점이 많다. 영업을 어렵게만 생각할 것은 아니다. 일상처럼 생각하면 된다. 우리는 일상생활에서 친구를 부담 없이 만나고 말한다. 현장에서도 자연스러운 말하기 자세가 필요하다. 고객을 자신의 실적달성을 위한 도구라고만 생각하는가? 이런 생각은 자신도 모르는 사이에 말로 표현된다. 영업을 '일'이라 생각하는 경직된 자세가 고객을 부담스럽게 만든다.

　영업인은 스스로 결과를 책임지고 자신을 책임지는 사람이다. 결과를 100% 책임져야 한다. 성공도 실패도 모든 결과는 자신이 만든 것이다. 무슨 일이 일어나길 기다리는 것만큼 미련한 짓은 없다. 직접 움직이고 나서라. 자신의 인생을 운에 맡기는 건 인생에 죄를 짓는 것이다.

　사람들은 영업이란 직업을 쉽게 생각한다. 영업은 누구나 선택할 수 있는 직업이다. 마음만 먹으면 선택할 수 있다. 하지만 선택하긴 쉬워도 성공하기 어려운 직업 또한 영업이다. 다시 말하지만, 영업은 잡다한 스킬로는 성공할 수 없다. 만약 가능했다면 수많은 영업인이 성공했을 것이다. 자신의 내면부터 수양하고 영업에 임해야 한다. 영업을 결코 가볍게 보지 마라.

　이 책에는 숨기고 싶었던 나의 실패 경험들까지 기록했다. 화려한 성공담보다는 실패를 극복한 경험을 나누고 싶었다. 내가 실패하고 극복한 과정들, 그리고 지금의 자리에 올 수 있었던 과정을 솔직하게 기록했다. 남들은 내게 어떤 능력이 있냐고 묻는다. 나는 내세울 만한 특별한 능력이 없다. 내세울 만한 능력이 없었기에 배우고 노력했다. 힘든 개척 영업을 두려움 없이 했다. 핸디캡을 알게 되면 극복하기 위해 방법을 찾았다. 그리고 바로 실천했다. 거짓말처럼 들릴지 모르겠지만 정말 이것뿐이다.

난 업계 최고의 직장에서 근무했고 지금은 사업을 한다. 남들이 부러워할 만한 결과들도 만들었다. 내가 제일 잘난 줄 알고 착각하고 산 적도 있었다. 반면 채권 회수를 하지 못해 사업이 휘청거리거나 열정이 식어 사업에 실패하기도 했다. 영업은 인생이다. 평탄한 인생이면 그건 재미없는 인생이 아닐까. 난 성공보다 실패에 더 가치를 둔다. 그래서 목표가 명확하고 실패한 사람에게 끌린다. 이런 사람은 실패해도 금방 회복되는 사람이다. 성공만 하는 영업은 있을 수 없다. 이런 영업은 오히려 자신의 성장을 더디게 한다. 현장에서 부딪히고 깨지며 배우는 것이 진짜 재산이다.

준비된 사람만 영업인이 되길 바란다. 지금 상황이 힘들다고 걱정하지 마라. 목표가 명확한 사람은 반드시 성공한다. 자신을 믿어라. 이 책은 그런 바람으로 집필했다. 실패의 횟수만큼 성공은 가까워진다. 준비하라. 실패에 단련되지 않으면 큰 성공은 할 수 없다. 이제 프로 영업인은 당신 차례다. 프로의 세계에 들어왔다면 내 이름 석 자 한 번쯤은 날려보자.

이 책이 세상에 나오기까지 많은 분의 도움이 있었다. 책을 쓸 수 있도록 세상의 지혜를 주신 나의 스승 '한책협' 김태광 대표님께 감사의 말씀을 드린다. 우리 가족은 한결같이 나의 성공을 기원했다. 존경하는 부모님, 사랑하는 남동생과 여동생의 격려에 감사한다. 귀한 딸을 내게 보내주신 우리 장모님께도 감사드린다.

마지막으로 나를 믿고 함께 살아준 사랑하는 아내, 믿음직한 중학생 두 아들, 귀여움을 독차지하는 셋째 막내아들까지 모두가 든든한 지원군이다. 이들로부터 많은 선물을 받았다. 이들의 은혜에 보답하기 위해 난 오늘도 달린다.

PART 4

준비된 영업 : 철저한 대비가 매출을 올린다

PART 5

최고의 영업인은 '을'이 되지 않는다

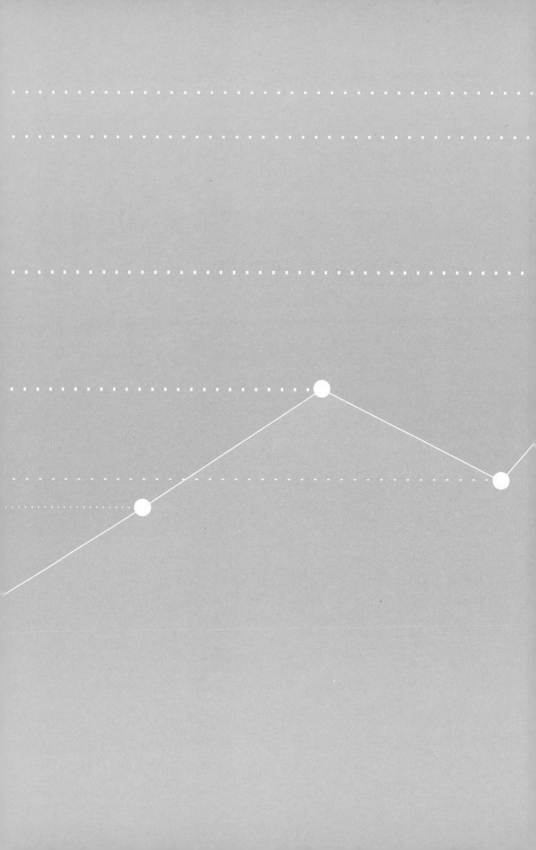

PART 1

기꺼이 사게 만드는
1등 영업인의 비밀

나는 왜 세일즈를 시작했는가?

자신에게 지기 싫었다

1999년 하반기 군 복무를 마치고 전역했다. 당시 IMF 사태 후 국내 경제 상황이 회복을 시작하는 때였다. 전역했으니 취업부터 해야 했다. 전역 전 몇 군데 입사지원서를 제출했다. 장교 출신이라는 특수성 때문에 많은 곳에서 면접까지 통과다. 하지만 내가 원하는 기업은 없었다. 면접관들의 눈빛이 하나같이 힘이 없어 보였다. 오히려 내가 그 사람들의 면접을 보는 듯한 느낌이 들었을 정도였으니 말이다.

경제 상황이 그리 좋지 않은 시기였지만 오히려 취업 시장은 지금보다 좋았던 것 같다. 오늘날 청년들이 취업 문제로 힘들어하는 모습을 보면 나 역시 기성세대로서 책임감을 느낀다.

이후 H자동차, H백화점, S물산, S전자 등 국내 대기업들에 입사지원서를 제출했다. 그중 사무 가구 기업 F사에서 가장 먼저 연락이 왔다. 자신을 인력개발팀 팀장이라고 소개하며 다른 곳으로 가지 말고 F사에서 면접을 보라는 말을 했다. '나를 보지도 않고 왜 이런 말을 할까?'라는 의구심이 들었다. 그래도 기분은 나쁘지는 않았다.

무사히 면접을 통과하고 F사에 최종 합격을 했다. OJT 기간을 마치고 영업팀에 배치를 받았다. 대구센터에 가자마자 팀장의 불호령이 떨어졌다. 대구 시내에 있는 모든 빌딩에 명함을 뿌리라는 것이다. 소위 '빌딩타기'였다. 난 혼잣말로 '아무것도 모르는데 뭘 하라는 거야?'라고 생각했다. 그렇게 나의 세일즈 인생은 시작되었다.

생소한 업무와 팀장의 압박으로 직장생활이 지옥처럼 느껴졌다. 당시 퇴사를 여러 번 고민했었다. 이 길이 내가 원했던 것인지, 지금 가는 방향이 맞는 건지 많은 생각을 했다. 하지만 시간이 지날수록 승부욕이 생겼다. 업무가 힘들어서, 사람이 힘들어서 회사를 그만두면 이직을 하더라도 그 문제가 반복될 것이란 생각이 들었다.

힘든 하루하루를 보내고 있던 그때 대학농구팀 지미 발바노 코치의 명언을 보게 됐다. 나를 다시 세웠다. "결코 포기하지 마라! 실패하고 거부당하는 것이야말로 성공으로 가는 유일한 첫걸음이다." 이 명언을 가슴에

새긴 이후 더는 뒤돌아보지 않았다. 오직 세일즈에 나의 인생을 걸겠다고 다짐했다.

좀 더 빨리 전문가들의 노하우를 습득하고 싶었다. 그래서 시중에 출간된 세일즈 도서는 모조리 사서 읽었다. 이와 함께 자기계발, 성공학 도서도 함께 읽었다. 그동안 흐트러진 나의 내면을 가다듬는 데 필요했다.

다음은 브라이언 트레이시의 저서 『세일즈 성공전략』의 내용이다.

"세일즈맨의 개인적 성공의 80%는 '태도'에 달려 있고, 오직 20%만이 '적성'에 의해 좌우될 뿐이다. 긍정적인 자세, 즉 자기 자신과 자신의 업무를 건설적이고 낙관으로 생각하는 태도는 세일즈 성공과 밀접한 관련이 있다."

영업이 적성에 맞는지를 고민하는 영업인에게 희망적인 말이 아닌가?

처음 영업을 배울 때 너무 힘들었다. 나 역시 영업이 적성에 맞는지를 고민했다. 하지만 생각을 바꾸고 태도를 바꿨다. 그리고 즉시 실행했다. 영업인으로서 지금 나는 자신감으로 가득 차 있다. 지금은 많은 사람이 부러워하는 영업인이 되었다. 언제나 목표하는 성과도 함께 달성한다.

나는 19년 남짓 영업 현장에서 뛰고 있다. 직장생활 이후 지금은 나의 사업을 하고 있다. 그래서 샐러리맨으로서의 영업인, 경영자로서의 영업인 등 모든 상황에 관한 판단이 가능하다. 나의 사업에 매력을 느낀 주변 사람들이 노하우 전수를 요청한다. 또 영업에 대한 스킬을 전수 받고 싶어 한다. 내가 가진 모든 노하우와 경험을 원하는 이들에게 가르쳐줄 준비가 되어 있다. 단 '열정'과 '간절함'을 가지고 있어야 성심을 다해 도와줄 것이다.

내가 영업인이란 직업으로 지금까지 올 수 있었던 이유는 한 가지다. '멘탈' 즉, 의식을 매일 갈고닦아 실력을 발휘할 수 있었던 것이다. 얼마나 매력적인 일인가? 많은 영업인은 멘탈의 중요성을 알면서도 간과한다. 알면서도 실천하지 않는다는 건 게으른 게 아닐까. 프로 영업인들은 철저한 자기 관리와 시간 관리가 몸에 밴 사람들이다. 그들에게 바쁘다는 핑계는 없다.

─────────── 1등 영업의 한 끗 차이 ───────────

영업에서 인생을 배웠다. 누구나 힘들어 포기하고 싶을 때가 있다. 외부에서 원인을 찾지 마라. 동료와 경쟁사를 경쟁자로 착각하지 마라. 극복할 대상은 '자신'이다. 프로 영업인은 자기 극복이 생활화된 사람이다. 동료나 경쟁자를 시기하지 마라. 내 머리만 복잡해진다. 그 시간에 내면을 닦아라. 시기하는 영업인은 끝이 잘되는 걸 못 봤다. 사람은 끝이 좋아야 한다.

내 주변에는 다양한 영업인이 있다. 성과가 좋은 사람, 저조한 사람, 그저 그런 사람들. 유형도 다양하다. 대다수 영업인은 불평불만으로 가득하다. 거래처, 공장, 본사, 고객의 불합리한 클레임과 요구 등 유형도 다양하다. 그런데 한 가지 공통점이 있다. 이런 부류의 영업인들은 성과가 저조하다는 것이다.

지인 중에 B부장이란 영업인이 있다. 이 영업인의 특징은 과도하게 위축된 자세이다. 만날 때마다 창백한 혈색, 축 처진 어깨, 자신감이 모자란 말투, 남루한 복장이다. 어느 것 하나 영업인이라고는 내세울 수 없는 모습으로만 가득하다.

난 이런 영업인들의 자세를 바꿔주고 싶어 수시로 만나 진심 어린 조언을 했다. 과연 나의 진심이 통했을까? 결과는 어땠을까? 결국은 소중한 시간만 허비한 꼴이 되었다. 이 사람들에겐 이루겠다는 '열정'과 '간절함'이 전혀 없었다.

다행스럽게도 이런 영업인들과 만남을 계기로 내 생각을 바꿀 수 있었다. 동정심만으론 타인을 도울 수 없다는 사실을 알았다. 자신을 사랑하지 않는 사람, 불평불만으로 가득한 사람과 만남은 갖지 않겠다고 결심했다. 그들은 자신이 왜 이 일을 하는지 영업인의 소명의식조차 없었다. 영업을 사랑하지 않는 사람은 지금 당장 다른 길을 찾아야 한다. 그것이 자신과 고객을 위해서 바람직하다. 나를 사랑하기에도 인생이란 시간은 부족하다.

F사에서 L사로 회사를 이직하게 되었다. 처음에 회사의 분위기에 다소 놀랐다. 전반적인 업무 프로세스 체계에 빈틈이 많았다. 어디서든 사고가 발생해도 이상하지 않을 정도였다. 이것보다 더 문제였던 건 직원들 사이에 팽배한 '피해의식'이었다. F사와 경합이 이루어져 품평회나 프레젠테이션이 예정되어 있으면 그때부터 사기가 떨어지는 것이었다. 당시나 지금이나 F사는 사무 가구 시장에서 독보적인 1위를 차지하는 것은 사실이다. 디자인 역시 선두 기업답게 타의 추종을 불허할 정도로 뛰어나다. 하지만 2위 없는 1위가 존재할 수 있을까? 당시 L사는 업계 2위의 기업이었다. 난 동료 직원들의 마인드를 이해하지 못했다. 물론 경쟁사에서 보기에는 F사가 범접할 수 없는 수준으로 보였을 것이다. "F사에도 약점이 있습니다. F사의 약점을 우리의 강점으로 만들면 됩니다." 나는 이렇게 동료 직원들을 격려했다. 동료 직원들에게 나의 격려는 별 효과가 없었다. 하지만 F사와 경합이 예정된 현장이 발생되면 어김없이 나에게 조언을 구했다. 난 이런 일들을 기쁜 마음으로 받아들였다. 나의 작은 관심이 동료 직원들의 자신감 회복에 도움이 되었으면 하는 바람이었다.

오랜 세월 동안 영업을 하면서 나를 이끌어준 멘토가 있다. 내가 영업을 시작한 이유이기도 하다.

첫째, 나의 영원한 친정인 F사. 신입 시절 회사에서 올바른 영업인의 자세를 배웠다. F사는 직원에게조차 가혹할 정도로 정도 영업을 내세웠다. 한때는 너무 심할 정도라 생각을 했다. 하지만 F사의 정도 영업은 1등 기업이 나아가야 할 방향을 명확히 제시하고 있었다. 아직도 F사에 근무하는 직원 중에는 올바른 가치를 가진 직원이 많을 것이라 생각한다.

둘째, 두 번째 직장인 L사. L사는 특유의 화합을 중시하는 문화가 있었다. 동료 직원들과 함께 어울리고 융화하는 바람직한 기업 문화가 있었다. 난 이곳에서 사람을 사랑하는 법을 배웠다.

셋째, F사 서울 본사에서 근무할 당시 나의 팀장이셨던 L팀장님이다. 그분은 당시 영업경험이 전혀 없는 상태였다. 하지만 집중과 노력으로 모든 걸 헤쳐나가셨다. 회사 내에서도 엄하시고 까다롭기로 소문난 팀장님이셨지만, 그때도 존경했고 지금도 존경한다. 이분으로부터 자기 일에 집중하는 법과 몸담은 회사를 사랑하는 법을 배웠다.

멘토란 자신이 닮고 본받고 싶은 사람이다. 나에게 멘토는 회사와 사람 모두였다. 영업은 마지막에 선택하는 직업이란 의식이 강하다. 하지만 나의 첫 직업은 영업이었다. 아마도 처음부터 영업을 선택하지 않았다면 지금 내 인생은 먼 길을 돌아왔을 것이다. 그토록 찾던 멘토가 바로 나의 옆에 있었다는 사실을 그땐 몰랐다. 영업하는 동안 적지 않은 시간이 지났다. 많은 경험을 통해 이제야 세상을 보는 지혜가 조금은 생긴 것 같다.

나의 세일즈 인생에 방향을 제시해 준 회사와 팀장님께 지면을 빌려 감사의 말씀을 드린다.

나는 왜 영업을 하는가? 자신만의 답이 있을 것이다. 자신이 가지고 있는 답이 열정적인 세일즈의 원동력이다. 나의 욕구를 외면하지 말자. 나를 사랑할 때 고객이 보인다. 내가 세일즈를 하는 이유를 잊지 말자. 그러면 나의 눈과 귀가 열릴 것이다.

과정이 아닌 결과로 답한다

영업인에게 핑계는 사치다

"영업에서 가장 중요한 것은 결과다." 다소 냉정하게 느껴지는 말이다. 하지만 영업인이라면 이 전제조건을 인정해야 한다. '시장 상황이 좋지 않아서', '제품의 가격이 높아서', '경쟁사 제품의 할인율이 높아서' 등 실적이 저조한 이유를 나열하면 수만 가지가 될 것이다.

1992년 바르셀로나 올림픽 사격 금메달리스트 이은철 선수는 이렇게 말했다. "2등은 세상에서 가장 높이 올라간 루저다. 2등은 필요 없다. 1등밖에 소용이 없다." 이처럼 국가대표 선수들은 올림픽 금메달이 평생의 꿈이다. 평생의 꿈이 2등이라면 기분이 어떨까? 국민은 힘든 훈련 과정을 극복한 선수들을 위해 소중한 은메달에 격려와 축하를 보낸다. 솔직히 당사자인 선수의 느낌은 과연 어떨까. 만약 이번 올림픽 출전이 마지막 기회였다면 말이다.

세상 모든 일에서 결과가 중요한 것은 아니다. 결과 못지않게 과정에 가치를 부여하는 사례도 많다. 하지만 월별, 분기, 반기, 1년 단위로 평가받는 영업이라는 직업은 결과로 평가받는다. 따라서 과정의 가치가 희석되는 경우가 대부분이다. 영업의 가치를 과정에 두고 기업을 운영한다면 아마도 살아남는 기업은 거의 없을 것이다.

나는 2000년에 첫 직장생활을 시작했다. 국내 최대 사무 가구 기업 F사에 입사했다. 한 달의 OJT 기간을 거쳐 대구센터로 지원을 했다. 당시 대구센터에는 K팀장이란 분이 계셨다. 이분은 '매출 지상주의'로 다른 것은 생각조차 없었다.

대구에서의 처음 몇 달간 K팀장은 온갖 욕설과 구타 그리고 모욕 등 참을 수 없을 정도의 상처를 주었다. 요즘 말로 상식 이하의 '꼰대'였다. 난 특전사 장교로 전역한 지 얼마 되지 않아서 누구보다 혈기 왕성한 시절이었지만 무조건 참아야 하는 것으로 알았다. 그것이 바른길인 줄 알았다. 그 당시 내가 왜 그런 대우를 받아야 했는지 여전히 궁금하다. 하지만 그 당시 직장에서 말도 안 되는 경험을 통해 어지간한 일은 웃으며 넘어가는 여유를 가졌다.

K팀장의 직원 교육 방식은 잘못된 것이다. 조직을 이끌어가는 리더십도 0점이었다. 그러나 자신의 위치에서 무엇을 해야 하는지는 명확히 알고 있는 사람이었다. 영업팀장이면 실적이 최우선이다. 다른 말은 더 필요 없다.

F사 근무 후 L사라는 회사로 이직을 했다. 두 회사에서 대리점 관리 및 개설, 대기업·금융기관 직판 영업을 담당했다. 연말 또는 연초가 되면 최우수 대리점 시상식을 개최했다. 최우수 대리점 선정 요건 중 가장 많은 배점을 차지하는 항목은 바로 매출이다.

대리점마다 1년 동안 얼마나 많은 고충이 있었을까. 그런데도 최우수 대리점 선정 조건 중 가장 큰 배점 항목은 매출이었다. 그렇다. 실적이 없는 영업조직은 존재 가치가 없다. 영업의 경우 타 부서들보다 업무성과에 대한 평가가 명확하게 드러난다. 자신의 실력과 평가에 대한 피드백이 어느 부서보다도 노골적으로 드러나는 곳이다. 이런 이유로 영업부서는 직장인에게 기피부서이다.

나는 직장생활을 하면서 매출에 대한 고민을 놓은 적이 없었다. 주변 선배들에게 물어봐도 뾰족한 답이 없었다. 심지어 어떤 선배는 나를 무시하는 태도로 일관했다. 당시 영업팀 직원들 사이에 보이지 않는 경쟁심리도 많았다. 특히 자신의 경험이나 지식을 공유하지 않았던 것이 영업팀의 분위기였다.

난 다짐했다. '나는 반드시 선배들보다 훌륭한 영업인이 된다.' '누구도 나의 능력을 의심하지 못하게 할 것이다.' '나의 경험과 노하우를 자신 있게 공유하고 전달하는 사람이 되겠다.' 직장생활 기간 중 이 같은 신념으로 생활했다. 신입사원 시절, 불과 2년이란 시간이 지금의 나를 만들었다.

기회는 오는 것이 아니라 만드는 것이다

L사에서 근무할 때의 일이다. 업무를 정리하고 퇴근을 준비하고 있었다. 그런데 갑자기 부장님의 호출이 있었다.

"이 대리, 내일 대전지역에서 프레젠테이션 지원을 해줘야겠어."

혹시 잘못 들은 것이 아닐까? 나는 내 귀를 의심했다. 프로젝트 현장에 대한 프레젠테이션을 위해선 보통 일주일 정도를 준비한다. 현장 특성 및 프레젠테이션 평가 인원 분석, 배점 항목 검토, 제안 품목 스터디, PPT 슬라이드 제작, 발표 시나리오 작성 및 연습 등의 복합적인 준비를 요구하는 업무이다. 그런데 이것을 12시간 안에 하라는 것이다. 무리한 지시라 생각했다. 그러나 불가능하지도 않았다.

퇴근을 접고 곧바로 현장분석에 들어갔다. 대전지점에서 진행하는 현장인 관계로 대전지역 실무자와 통화를 하며 현장 파악을 했다. 실무자가 내게 조심스럽게 말을 했다. "해당 기관에서는 내부적으로 F사로 거의 확정이 됐대요." 말 그대로 품평회와 프레젠테이션은 요식 행위 정도의 수준이었다. 일반적으로 이 정도의 정보면 해당 현장을 포기하는 것이 정상이었다. 하지만 난 이런 현장에 더욱 매력을 느꼈다. 불가능을 가능으로 바꾸는 도전의식이 나의 가슴을 뛰게 했다.

다음 날 아침까지 뜬 눈으로 프레젠테이션 자료를 만들었다. 시간상 화려한 PPT 파일 제작은 포기했다. 그 시간에 임팩트 있는 시나리오를 준비했다. 서울에서 출발 전까지 작성된 시나리오를 암기하기 시작했다. 결전의 장소는 이름만 들으면 알 만한 대전에 소재한 군부대였다.

경쟁사인 F사도 본사의 전문 인력들이 총출동했다. 당시 F사는 프레젠테이션 스킬 향상을 위해 회사 차원에서 많은 교육과 지원을 했다. 이러한 교육과 직원 육성 과정들이 지금의 F사를 있게 한 중요한 요인이라 생각한다.

객관적인 기준으로 봤을 때 F사 직원의 프레젠테이션 스킬이 나보다 좋았다. 정공법으로 나가면 어차피 지는 게임이었다. 나는 대한민국 군인들의 노고에 감사하는 말, 국군의 사명감과 명예심을 불러일으키는 멘트, 나 역시 장교 출신으로 동질감을 느낀다는 내용, 군부대의 용어 사용 등으로 15분간 발표를 했다. 발표 직후 평가자들로부터 큰 박수를 받았다.

난 결과를 직감했다. 기적을 만들었다는 확신이 들었다.

프레젠테이션 평가자들은 장군들이었다. 내 평생 한곳에서 그렇게 많은 별을 본 적이 없었다. 중장과 소장들 사이에서 준장들이 의자를 옮기고 있었다. 실로 엄청난 중압감을 느낀 현장이었다.

프레젠테이션이 끝나고 1시간 정도가 흘렀을까. 최종 업체 선정을 발표하였다. "평가 결과 최종 업체를 발표합니다. 최종 선정 업체는 L사입니다." 발표 현장에는 순간 적막감이 돌았다. 예상치 못한 결과에 L사와 F사 직원들 모두 당황한 기색이 역력했다. 난 기쁜 마음보다 미안한 마음이 앞섰다.

1등 영업의 한 끗 차이

연습할 시간이 부족했다. 심장 소리가 들릴 만큼 긴장했다. 경쟁사는 우리보다 막강했다. 걱정하지 마라. 떨리는 건 모두 같다. 깊은 심호흡을 두세 번 하라. 청중 모두가 나의 팬이라고 상상하라. 그리고 무대를 즐겨라. 프레젠터는 한 명이다. 무대에선 당신이 주인공이다. 당신의 한마디에 청중은 집중하고 박수로 화답한다. 시나리오는 기계적으로 외우지 마라. 까먹으면 끝장이다. 산들산들 바람 부는 느낌으로 발표하라.

F사는 나의 첫 직장이었다. 난 여전히 F사 출신임을 자랑스럽게 생각한다. 여전히 그곳을 사랑한다. 내가 가진 영업의 기본과 정석들은 모두 F사에서 배운 것이다. 함께 근무했던 동료들과의 첫 대결. 아직도 미안한 감정으로 남아 있다. 만약 기회가 된다면 불가피하게 퇴사를 결정한 이유

를 설명하는 시간을 가졌으면 좋겠다. 지금까지 내가 회사를 떠날 수밖에 없던 이유를 동료들에게 말하지 못했기 때문이다.

뜻밖의 결과에 L사 직원들은 나를 격려해주었다. 이후에도 여러 프로젝트 현장에 대한 프레젠테이션은 나의 담당이 되었다. 동료 직원들은 내게 뭔가 특별한 비법이 있는 줄 알고 있었다. 단언컨대 내겐 그런 능력이 없다. 굳이 비법이라 한다면 다른 사람이 열 번 연습을 한다면 난 백 번 이상을 연습하는 것이다. 끊임없이 간절하게 노력한 결과가 나만의 비법을 만든 것이다. 영업에서 가장 중요한 것은 결과다. 과정은 누구도 알아주지 않는다. 힘들었던 과정을 스스로 설명할 필요도 없다. 영업은 오직 결과만으로 평가받는다.

사람들은 자신에게 다가오는 기회를 알아보지 못한다. 성공의 경험이 부족하기에 기회를 알아채는 능력이 부족한 것이다. 성공에 익숙해져야 한다. 영업인의 변함없는 목표는 매출이고, 실적이다. 영업인의 목표는 명확하다. 그렇다면 자신에게 질문하고 솔직하게 대답하자. 나는 원하는 결과를 얻기 위해 자신이 감동할 만큼의 노력을 했는가? 자신이 감동하면 하늘도 움직인다.

쉬지 않고 배워 실전에 적용한다

회사에만 의존하지 마라

'기업들의 생존은 매출로 시작된다.', '매출은 영업으로 시작된다.' '따라서 영업은 기업의 생존을 위한 가장 중요한 업무이다.' 나는 이 3가지 명제를 원칙으로 가지고 있다.

모든 기업의 판매를 통한 매출은 영업으로부터 시작된다. 기업들은 영업의 중요성을 알고 있다. 하지만 기업 내부에서 자체적인 세일즈 교육은 거의 이루어지지 않는다. 대부분 세일즈 컨설팅 업체에 위탁하는 방식이다.

영업조직이 있더라도 현장에 대한 정보와 데이터 정도만 공유한다. 선배, 동료들이 자신만의 노하우를 체계적으로 공유하는 기업은 거의 없다.

왜 이런 현상이 발생할까? 영업이란 매우 정교한 업무이기 때문이다. 경영지원, 마케팅, 판매기획, QC, 생산관리, 물류 등은 얼마든지 표준화가 가능하다. 하지만 영업은 현장마다 상황이 다르기에, 어떻게 보면 표준화 작업이 불가능한 분야이다. 그래서 기업들은 스피치, 셀링, 클로징, 질문 기법 등 분야별 특화된 컨설팅 업체에 교육 의뢰를 하는 것이다.

직장생활 당시부터 지금까지 많은 교육을 받았다. 수업료를 따지면 적게는 수만 원대부터 많게는 수백만 원대까지의 교육을 받았다. 모든 교육에 집중했다. 영업에 도움이 될 만한 것이라면 무엇이라도 배우러 다녔다. 배울수록 뭔가 부족하다는 생각을 했다.

영업에 대해 A부터 Z까지 종합해서 프로그램을 공급하는 업체는 보지 못했다. 영업은 B2B, B2C, G2B, O2O 외에도 다양한 시장을 타깃으로 한다. 고객의 성향이 틀리고 시장 상황의 조건 등 모두 차이가 있다. 따라서 몇 개의 교육 프로그램으로 광범위한 영업 과정을 소화한다는 것은 모순이다. 하지만 기업마다 세일즈 교육은 필요하다. 나는 수많은 교육 과정과 관련 서적 탐구 그리고 현장 영업을 통해 결론을 도출했다.

세일즈 교육 효과를 극대화하기 위해서는 다음과 같은 방법으로 진행되어야 한다. 여러 과정의 교육 이수 후 프로그램별로 자신에게 맞는 키포인트를 뽑아야 한다. 이후 자신의 것으로 만들어야 한다. 즉, 여러 과정의 프로그램을 통해 배운 내용을 융합해야 한다. 이때 융합시킬 핵심은 개인마다 다르게 적용해야 한다. 이유는 영업인마다 타깃 시장의 성격이 다르고 개인별 취향 또한 상이하기 때문이다. 프로 영업인은 정형화된 세일즈 기법을 사용하지 않는다. 자신만의 색깔을 나타내는 특별한 영업을 한다. 고객과 현장에 따라 카멜레온처럼 색깔이 변하는 변신의 귀재다.

F사에 근무할 당시 세계적으로 유명한 컨설팅 기업의 세일즈 교육을 받을 기회가 있었다. 2박 3일 동안 1개 과정을 교육받으며 총 4개 과정을 이수했다. 최종 과정을 이수하는 데 5개월 정도 소요되었다. 연수원에서 숙박하며 진행된 과정이었다. 수강료는 스텝별로 수백만 원이 넘는 고가의 과정이었으며 실습 위주로 진행되었다. 회사에서 영업사원에게 이 정도 금액의 교육을 받을 기회를 준다는 사실에 놀랐다. 회사에서 영업에 그만큼 집중을 한다는 의지를 느꼈다. 이 교육을 수료하면서 의문이 생겼다. 그동안 우리나라에는 왜 이런 수준의 교육 프로그램이 없었는지. 나는 당시 F사에서 배려한 교육 과정에 대해 깊은 감사를 느낀다.

L사에 근무할 때는 프레젠테이션 스킬 교육을 받았다. 영업팀 중에서도 소수를 대상으로 진행된 교육이었다. 프레젠테이션 특성상 현장에서 발생 가능한 변수에 대응하는 순발력을 요구하는 실습들이 많았다. 세일즈 기법에 항상 목이 말랐던 나는 모든 교육에 적극적으로 참여했다.

이후 사업을 하면서도 많은 교육 기관을 찾아다녔다. 세일즈 실력을 향상하기 위한 노력을 계속했다. 내게 필요한 많은 교육 프로그램을 경험했다. 부지런히 연습한 결과 나만의 색깔을 나타내는 방법들이 하나둘씩 보이기 시작했다. 그동안 배웠던 교육 과정과 실전 경험을 통해 나만의 세일즈 비법을 만들 수 있었다.

1등 영업의 한 끗 차이

영업은 변화무쌍하다. 몇 개의 교육으로 정복할 수 없다. 세일즈 스킬 중 'OOO기법 O단계'란 용어가 난무한다. 난 이 말을 믿지 않는다. 특정 영업 기법이 모든 현장에서 통할 것 같은가? 천만의 말씀이다. 기법 하나로 만나는 고객마다 성공하면 노벨상감이다. 세일즈 교육은 자신의 비법을 만들어가는 과정이다. 세일즈 비법은 자신이 만드는 것이다. 이 책은 나만의 비법을 기록한 책이다. 당신만의 비법을 뽑아내라. 그리고 활용하라.

"습관은 최상의 하인이 될 수도 있고 최악의 주인이 될 수도 있다." 니다니엘 에먼스의 명언이다. 나는 위기가 있어도 쉬지 않고 움직이며 치열하게 고민했다. 그래서 강철처럼 단단한 나를 만들었다.

사업을 하면서 한때 위기가 있었다. 잠시 회사를 정리하고 건축자재 업계에서 영업했다. 기존에 활동했던 시장과는 성격이 완전히 달랐다. 건축자재 업계는 사무 가구 시장의 유통구조와 비교하면 최소 5년 이상은 뒤처져 있다는 것을 직감했다. 건축자재 업계에서의 영업 활동은 생각보다 쉬웠다. 그동안 습득한 세일즈 노하우를 활용해 전국을 대상으로 영업하기 시작했다. 상담하는 곳마다 수주에 성공했다.

건축자재 업계는 보통 건설현장들을 타깃으로 한다. 건설현장에서는 고성이 오고 가는 것이 일상이었다. 현장 특성상 복장 또한 작업복이나 편한 복장이 대부분이었다. 경쟁사 영업사원의 복장 또한 별 차이가 나지 않았다. 나는 여기에 초점을 맞췄다. 경쟁사들과 차별화하기 위해 제품에 대한 해박한 지식은 물론 젠틀하게 느껴지는 말투와 정장 차림으로 영업에 임했다. 영업사원이 정장을 착용하는 지침은 내가 근무했던 기업의 지침이기도 했다.

공사 현장 여건상 일정들이 바쁘게 돌아간다. 경쟁사의 영업사원들은 심리적으로 쫓긴 나머지 제품 설명만 열심히 했다. 나는 반대의 방법으로 접근했다. 구매 담당자가 잠깐의 여유가 있을 때까지 기다렸다. 그리고 담당자에게 다양한 질문을 던졌다. 필요한 것이 무엇인지, 어떤 도움이 필요한지를 물었다. 이렇게 단순한 방식이 대부분 현장에서 좋은 결과를 가져왔다.

최고의 영업 스킬은 내가 만든 것이다

세일즈 기법이라는 것은 전자제품의 회로처럼 복잡한 것이 아니다. 원리만 알면 생각보다 쉽게 해결되는 것이 영업이다. 많은 영업인이 실적으로 고민을 한다. 성과가 낮은 영업인들에겐 분명 원인이 있다. 시장 상황의 탓으로 돌리기 전에 자신의 문제점을 먼저 파악하는 것이 최우선 과제이다. 건국 이래로 경기가 좋았던 적이 얼마나 있었을까? 매일 부정적인 경제 상황을 주제로 한 기사가 방송과 신문을 도배한다. 중요한 것은 지금까지 계속 발전하고 있다는 것이다. 그래서 나는 뉴스의 제목만 보는 편이다. 나의 부족한 능력을 사회의 탓으로 돌리고 싶진 않기 때문이다.

영업의 세계에 갓 입문한 초보 영업인들은 의문이 생길 것이다. '이론이 먼저냐, 실전이 먼저냐.' 나 역시 이 질문에 많은 고민을 했다. 지금까지의 경험을 통해 내린 결론은 의외로 간단하다. 정답은 '둘 다'이다. 이론과 실전의 순서는 상관없다. 하지만 이론과 실전은 함께 융합되어야 빛을 발한다. 시중의 세일즈 프로그램이나 서적들을 보면 이론 또는 실전 둘 중 하나에 치중하는 경향이 있다. 나는 실전과 이론이 경합하면 실전이 반드시 이긴다는 쪽이다. 하지만 자신이 구축한 체계적인 이론 습득이 부족한 상태에서 실전에 임하는 것은 위험하다. 일정 수준에 도달 후 더 이상의 성장이 힘들기 때문이다. 이론은 타인의 경험과 지식을 습득하는 과정이다. 꾸준한 독서가 필요한 것도 바로 이러한 이유 때문이다. 마찬가지로 자신의 경험을 기반으로 한 실전에만 치중한다면 지속적인 성장은 불가능하다. 소위 '촉'만으로 영업하는 사람이 있는데 이런 사람은 영업인이 아니다. 장사꾼에 불과하다.

자신의 영업이 빛을 발휘하기 위해서는 튼튼한 기초로 무장된 이론이 필요하다. 이와 함께 치열하게 싸우는 실전이 동반되어야 한다. 만약 둘

중 하나라도 부족하다면 원하는 성과를 기대하기 힘들다.

내가 운영하는 블로그에 칼럼을 기재한 글이 있다.

"100% 수주하는 영업비법이란 세상에 존재하지 않습니다. 만약 그런
사람이 있다면 사기꾼입니다. 다만 현재 상황을 개선하여 수주확률을 높
여주는 스킬과 방법이 있을 뿐입니다."

지금 글을 쓰면서 책을 출간하려는 이유도 여기에 있다.

나는 영업인들에게 막연한 희망을 경계하라고 말한다. '내일은 잘되겠
지.' '다음 달은 어떻게 되겠지.'라는 생각들 말이다. 몸과 머리가 움직이
지 않으면 아무런 일도 일어나지 않는다.

영업은 회사에서 가르쳐주지 않는다. 성공하는 영업인은 매 순간 자신
만의 아이디어를 행동에 옮기고 실천해야 한다. 아이디어를 생각하기 힘
들면 행동하는 습관을 먼저 가져라. 행동하면 아이디어도 생긴다. 영업인
은 쉬지 않고 움직여야 한다. 영업의 세계는 쉬지 않고 행동하는 프로만
의 세계다.

고객이 망설이는 이유를 캐치한다

고객을 알면 영업이 보인다

고객이 구매에 망설이는 이유는 2가지로 정리된다. 첫째, 구매 실패에 대한 두려움이다. 실패에 대한 두려움 때문에 거절로 반응하는 것이다. 브라이언 트레이시는 『세일즈 성공전략』에서 다음과 같이 말한다.

"세일즈맨의 활동을 가로막는 가장 큰 요인이 '거절에 대한 두려움'이라면 고객의 구매를 제약하는 최대의 방해물은 '실패에 대한 두려움'이다. 실패의 두려움. 즉, 그릇된 구매 결정에 대한 두려움을 감안한다면 판매저항은 이미 예견된 일이다."

다시 말하면 고객은 애초부터 구매에 대한 두려움을 가지고 있다는 것이다. '사고 나서 후회하지 않을까?' 하는 생각이 머뭇거리게 만든다. 사람이라면 누구나 같은 마음일 것이다. 오늘날의 고객은 없어서 못 사는 게 아니다. 너무 많아서 선택하지 못할 때가 많다. 이런 고객의 선택을 도와주고 확신을 심어주기 위해 영업인이 존재한다.

개척 영업을 하면서 잠재 고객들에게서 가장 많이 들었던 말이다. "관심 없어요." "지금 필요하지 않아요." "필요할 때 연락 드릴게요." "예산이 부족합니다." "거래하는 업체가 있어요." 등 고객들의 멘트를 정리하면 거의 같은 내용이었다. 영업인은 이 부분에 집중해야 한다. 고객의 최초 거절로 영업을 포기하는 사람들이 의외로 많다. 거절은 당연하다.

고객은 관심을 두면 지금 당장 필요하지 않아도 정보를 요청한다. B2B의 경우 최초 확보된 예산이 조금 부족하더라도 미래가치가 있다고 판단되면 추가로 예산을 편성한다. 그러므로 고객이 영업인에게 하는 말이 진심인지 아니면 귀찮아서 하는 말인지 가려낼 수 있는 능력을 키워야 한다. 이것은 다양한 현장 경험과 공부를 통해서만 습득할 수 있다.

나는 현재 B2B, B2C, G2B 등의 시장을 타깃으로 영업 활동을 하고 있다. 시장마다 고객의 유형과 반응에도 차이가 있다. 시장마다 특징을 알아야 효과적인 영업 활동이 가능하다. 영업 초기 단계에는 고객 역시 구매에 대한 두려움을 가지고 있었다. 개인은 자신의 돈, 기업은 그들의 자산, 공공기관은 집행 가능한 예산 등으로 지출되는 성격만 다를 뿐이다.

B2C는 대부분 고객 혼자 판단을 한다. 주로 온라인을 통해 각종 리뷰, 사용 후기, 평판 등을 참고하고 최종 결정을 한다. 따라서 B2C는 디테일한 솔루션을 고객에게 제공하는 것이 중요한 시장이다. B2C에서는 영업인의 솔루션 제공 능력에 따라 실적이 천차만별로 차이가 난다.

B2B와 G2B는 의사결정 과정에서 유사한 패턴으로 진행된다. 이 시장에서는 소액구매를 제외하면 실무자가 독단적으로 구매하는 방식은 거의 없다. 실무자부터 최종 의사결정권자까지 모든 결재 과정을 승인받아야 한다. 조직을 대표해서 구매하기 때문에 많은 책임을 요구받는 위치다. 이러한 특징으로 인해 B2C에서만 활동했던 영업인들이 B2B 시장에 진입하면 어려움을 겪는다. 기억하라. B2B, G2B는 한 사람을 상대로 영업하는 곳이 아니다.

1등 영업인의 용어 해설

B2B: Business to Business 기업과 기업 사이에 이루어지는 전자상거래

B2C: Business to Consumer 기업과 소비자 간의 전자상거래

G2B: Government to Business 정부와 기업간 거래, 정부 전자조달. 물품이나 용역의 입찰, 공문서 교환 등

B2G: Business to Government 기업과 정부간 거래, 조달청 물품 판매, 공문서 교환 등

거절은 영업인이라면 모두 경험하게 되는 일이다. 거절로 상처를 받고 위축되는 영업인들이 많은데, 사실은 거절에 상처받은 영업인에게도 문제가 있다. 이유는 고객의 입장을 제대로 이해하지 못했기 때문이다.

특히 개척 영업을 할 때는 고객의 입장을 먼저 이해해야 한다. 고객을 이해하면 변화가 생긴다. 바로 영업인 자기 생각과 태도가 바뀌는 것이다. 대부분 고객은 구매 후 실패의 두려움 때문에 거절로 표현하는 것이다. 고객은 영업인을 인간적으로 무시하거나 싫어하는 것이 아니다.

둘째, 가격과 기대가치의 차이다. 고객은 금액을 지불하고 구입할 상품에 기대치가 생긴다. 이 상품을 구입하면 기대하는 결과를 함께 얻는다고 예상한다. 하지만 구입 전에는 가격과 기대치의 간격을 가늠하기 어렵다. 소비자로서는 심사숙고하는 과정은 자연스러운 것이다. 나 또한 제품을 구입할 때 가치를 먼저 생각한다. 어떤 제품은 가성비를 따지기도 한다. 이 과정을 생략하면 충동구매가 되는 것이다. 구매하는 이유에 대해 확신과 명분이 생겼을 때 구매를 결정한다. 쉽게 생각하자. 고객은 모두 같은 생각이다.

고객의 숨은 니즈를 찾아라

금융기관에서 가구 집기류를 전면 교체하는 사업이 있었다. 구입 예산이 8억 원이 넘게 책정된 현장이었다. 당사를 포함해 3개 업체가 참여했다. 경쟁사들과 마찬가지로 당사 역시 타사 제품의 가격대, 스펙 등을 훤히 꿰뚫고 있었다. 실제 사용할 제품과 같은 조건으로 설치 후 품평회를 진행했다. 경쟁사들의 제품과 동등한 수준의 제품이 대상이었다. 품평회 샘플 품목들을 기준으로 견적 검토를 했다. 당사가 가장 저렴했다.

며칠 뒤 업체 선정결과가 나왔다. 당사가 2등을 했다는 것이다. 어떻게 이럴 수가 있을까? 분명 집행 예산 범위 내에도 들어왔고 제품 스펙상 아무런 문제가 없었다. 담당자를 찾아가서 이유를 물었다.

"과장님, 당사의 견적이 가장 저렴합니다. 물론 디자인 면에서도 부족한 것이 없습니다. 이해가 안 됩니다."

담당 과장의 답변은 이랬다.

"솔직히 1위 업체의 견적이 가장 비쌉니다. 저희는 가구를 구매하고 7년 뒤 다시 전면 교체를 합니다. 그렇게 되면 기존 가구들은 폐기해야 합니다. 추가비용을 투입하면서 폐기하는 것이 아니라 재활용 업체에서 유상으로 인수하기를 원합니다. 검토 결과 1등 업체의 중고상품 가치가 가장 높게 책정되었습니다."

난 아무 말도 할 수 없었다. 담당 과장의 말을 인정했다. 그분이 정확하게 알고 있었다. 난 구매 당시의 가격만을 기준으로 삼았다. 반면 구매사에서는 사용가치와 기대가치를 함께 기준으로 삼았다.

1등을 한 업체의 제품은 지금도 완벽에 가까운 수준이다. 아직도 많은 기업의 직원들은 이 회사의 제품을 선호한다. 이 업체에서 생산하는 제품 중에는 의자 브랜드가 별도로 있다. 의자브랜드 역시 독보적인 1위를 지키고 있다. 의자는 B2C 매출이 많은 품목이다. 개인 소비자들은 대리점, 오픈 마켓, 홈쇼핑 등을 통해 구매하고 있다. 그러면 의자는 가격이 저렴할까? 아니다. 오히려 경쟁사들에 비해 비싼 수준이다. 제품의 디자인, 기능, 내구성 또한 업계 최고의 수준을 유지한다. 시중에는 더 저렴한 가격으로 출시된 유사한 제품들이 넘친다. 그런데도 개인 고객들은 이 제품을 구입한다. 즉 이 기업의 제품은 소비자가 느끼는 가격과 기대수준의 차이를 좁혀서 성공한 것이다.

오늘날 고객은 원하는 정보는 모두 얻을 수 있다. 오히려 영업인보다 더 많은 정보를 가지고 있다. 발바닥에 불이 나도록 뛰어다니며 성과를 내는 시기는 이미 지났다. 예전엔 열심히만 다니면 어느 정도의 성과는 따라오는 시절이 있었다. 고객이 원하는 정보를 얻는 방법이 제한되었기 때문이다. 이제 고객은 원하는 정보는 언제 어디서든 접할 수 있다.

과거의 해묵은 영업 스킬들은 던져버리자. 영업사원 자신과 기업만의 특화된 콘텐츠로 승부를 걸어야 하는 시대다. 이런 경우는 드물지만, 고객 스스로 구매 결정을 내리면 쉽게 해결된다. 하지만 대부분 영업인의 실력에 따라 결과는 달라진다. 영업인이 충분한 설명을 했는데도 고객이 망설이는 경우가 있다. 이런 경우엔 대부분 영업인에게 원인이 있다. 이럴 땐 적절한 질문을 통해 고객의 니즈를 확인했는지, 고객의 숨은 고민을 이해했는지. 다시 한 번 생각해볼 필요가 있다.

오늘날의 고객은 어느 때보다 현명해졌다. 아무 제품이나 사려고 하지 않는다. 영업인은 이런 고객의 성향을 분석하고, 설득 방법을 찾아야 한다. 적어도 내가 가진 상품에 대해서는 고객이 망설이는 모습을 보이지 않도록 하자.

CHAPTER 5

고객에 대한 관점부터 뒤집는다

고객은 영업인이 하기 나름

TV에 출연한 어느 식당 사장의 말이 기억에 남는다. 고객에 대한 그의 신념이 가슴에 와닿았다. "고객이 주신 돈으로 우리 식구들은 살아갑니다. 저는 고객들을 대신해 종업원들에게 월급을 전달해주는 전달자의 역할을 할 뿐입니다." 작은 가게의 사장이 하는 말이었다. 장사에 대한 그의 신념은 실로 대단했다. 고객을 대하는 그의 마음에는 진심이 있었다.

나는 고객들에게 항상 감사한 마음을 가지고 있다. 영업이라는 세상에 들어온 지 많은 시간이 지났다. 여전히 고객을 향한 마음가짐은 변함이 없다. 지금도 고객을 생각한다. 고객이 더 필요한 것은 없는지, 내가 그들에게 부족한 점은 없었는지 매일 반성을 한다. 많은 경쟁자 중 고객은 나를 선택했다. 그 이유만으로도 고객을 위해 헌신할 이유는 충분하다.

사업을 다시 시작했을 때의 일이다. 외국계 기업과 거래가 시작되었다. 운이 좋게도 계약까지 빠른 속도로 진행되었다. 계약 조건은 외국계 기업의 인테리어 공사를 하는 업체와 하도급 계약을 하는 조건이었다. 공사가 마무리되었고 공사대금을 청구했다. 그런데 차일피일 미루더니 3개월이 지나도 돈을 받지 못했다. 결국, 업체를 찾아갔다. 업체 대표는 대금 지급을 하지 않으려고 작정을 한 모습이었다. 대표의 성의 없는 태도에 그 자리에서 큰 다툼이 일어날 뻔했다. Y이사라는 사람이 싸움을 말렸다. 그날 저녁 Y이사와 만나 집 근처 술집에서 그의 이야기를 들었다.

"저는 1년째 월급을 못 받고 있어요. 회사에 투자하라고 해서 몇 천만 원을 투자했는데 그 돈까지 날렸어요." 난 Y이사의 말을 믿지 않았다. "그 말을 나보고 믿으라고요? 내가 바보로 보입니까?" 난 더욱 화가 났다. 하지만 그날 이후 Y이사와의 만남은 더 잦아졌다.

Y이사는 채무업체의 임원이었다. 그런데 채권자인 내가 전화를 해도 피하는 일이 없었다. 어느덧 나는 Y이사의 말을 신뢰하게 되었다. 그 회

사는 부도가 났고 밀린 공사대금은 결국 받지 못했다. Y이사가 애처롭게 보여 나의 사무실에서 일하도록 배려를 해주었다. 얼마 후 Y이사는 내게 친한 친구를 소개해준다고 했다. 계열사만 열 개가 넘는 유명 중견기업이었다. 사옥도 규모가 컸다. 소개받은 사람은 그 회사의 부회장이고, 부회장의 친형은 회장이었다.

그는 미안한 마음을 갚기 위해 노력했다. 환산할 수 없는 가치로 빚을 갚으려 한 것이다. 부회장은 자신의 회사와 거래를 시작해 계열사까지 모든 공사를 내가 진행하도록 배려해주었다.

만약 내가 끝까지 Y이사를 독촉했더라도 채권 회수는 불가능했을 것이다. 절박했던 사람을 끌어안고 도와줬던 일이 대박이 되어 돌아온 것이다. 이렇듯 고객의 상황을 함께 이해하고 공감을 하니 생각지도 못한 결과를 얻었다.

이 일을 계기로 시련이 오더라도 기쁘게 받아들이는 자세를 배웠다. 그리고 사람을 진심으로 대하는 방법을 배웠다. 때로는 고객이 나를 힘들게 할 수도 있다. 고객이 귀한 자산이 될 것인지 아니면 비수가 되어 돌아올 것인지의 선택은 자신에게 달려 있다.

Y이사는 내게 큰 선물을 주었다. 영업인이 잃지 말아야 할 자세를 가르쳐주었다. 그리고 말없이 떠났다. 아무쪼록 그분이 행복하게 살고 있길 바란다.

우리는 보통 영업인을 '을'이라 표현한다. 예전에는 맞는 말이었다. 그런데 지금은 틀린 말이다. 과거에는 제품의 가격이 승부를 결정하는 시대였다. 지금은 영업인과 제품에 가치를 더하는 시대이다. 가치를 더하니 고객과 영업인은 파트너의 관계로 바뀌고 있다. 고객이 먼저 찾아오게 되는 방향으로 바뀌게 된 것이다.

고객의 입장에서 판단하라

어느 책을 보니 다음과 같은 내용이 있었다. "고객과 협상하지 마라." 저자의 진심은 아니겠지만 책의 목차에서는 고객과 영업인의 관계를 극단적으로 표현한 것 같았다. 내 비즈니스의 경우 적게는 수백만 원에서 많게는 수억 원의 계약이 오고 가는데 협상이 없는 과정은 불가능하다. 흥정과 협상은 같은 뜻이다. 만약 비즈니스에서 협상이 존재하지 않는다면 비즈니스 산업은 존재할 필요가 없게 된다. 세계적인 세일즈 전문 컨설팅 기업들에서도 'Nego(Negotiation의 약자. 협상)'는 필수과정으로 포함되어 있다. 이유는 비즈니스에서 협상과 흥정은 반드시 거쳐야 하는 과정이기 때문이다.

나는 무리한 내용이 아니면 고객이 요구하는 내용은 대부분 수용하는 편이다. 내가 판매하는 제품은 경쟁사에서도 판매할 수 있다. 그런데도 고객은 나의 가치를 보고 선택해준 고마운 분들이다. 이런 분들에게 내가 먼저 'No'라고 말하는 때는 없다. 필요한 것이 있으면 영업인에게 요구하는 것은 고객의 권리다. 고객의 요구를 진심으로 받아들이는 것 또한 영업인의 의무다.

A라는 영업인은 고객과의 지속적인 소액 거래로 불만을 느끼고 있었다. 큰 계약들은 경쟁사와 하고 작은 계약만 자신과 한다는 것이다. 원인을 분석하기 위해 A라는 영업인과 현장에 동행했다. 그의 영업 스타일을 주시했다. 이 영업인은 고객이 주문하는 것에만 집중했다. 그냥 주는 것만 받아오는 것이다. 거래한 지가 3년이 넘었는데 처음이나 지금이나 바뀐 것이 없다. 주면 주는 대로, 받으면 받는 대로 수동적인 영업만 하고 있었다. 3년이란 시간은 영업인에겐 엄청난 시간이다. 이 정도의 시간이면 개척 영업만 해도 큰 성과를 이룰 수 있는 시간이다.

나의 가치를 전달하지 않으면 영업에 더 이상의 진전은 없다. 그리고 고객은 나의 가치를 여전히 모르게 된다. 거래 규모가 큰 고객일수록 영업인의 가치와 능력을 모르면 절대 거래를 하지 않는다.

고객과 협상할 때 '주도권 싸움' 주제로 한 책과 교육과정들이 있다. 하지만 이것은 상당한 조건들이 맞아야 가능한 것이다. 협상 기법을 주제로 한 서적들은 대부분 서양권에서 시작되어 우리나라에서 각색된 것들이 많기 때문이다. 나는 이런 주제의 서적들을 읽고, 교육을 받은 후 현장 영업에 적용했다. 대기업, 중견기업, 외국계 기업, 중소기업, 심지어 개인 고객들에게까지 습득한 협상 기법을 1년 정도 적용했다. 결과는 실망스러웠다. 이런 기법을 사용하기 전이나 별 차이가 없었다. 오히려 역효과가 발생하는 현장도 있었다.

이런 현상이 왜 발생할까? 이유는 간단하다. 서양권과 동양권 문화의 차이다. 우리나라는 서양과 비교하면 토론이나 협상과 같은 문화가 발달하지 못했고 고객마다 성향도 다르다. 고객에 따라 영업 방법도 바꿔야 한다. 영업에서 가장 중요한 협상 과정에 대한 부분을 외국 업체의 내용을 그대로 가져와 세일즈 프로그램에 적용하는 기업들도 많다. 미안한 말이지만 불필요한 지출만 증가하는 결과를 초래할 뿐이다.

탑 세일즈맨은 같은 교육을 받아도 좋은 결과가 나온다. 이유가 뭘까? 자신의 조건에 맞는 내용만 뽑아내는 능력이 탁월하기 때문이다. 그들은 고객이 원하는 것을 빠르고 정확하게 알아채는 능력을 갖추고 있다. 그래서 고객은 승자에게만 몰리는 것이다.

고객을 바라보는 관점은 신중해야 한다. 진심으로 고객을 위한 마음으로 다가서야 한다. 어설픈 영업 스킬만으로 고객을 설득하려 하지 마라. 당신이 먼저 마음을 열고 고객을 대할 때 고객은 당신을 맞이할 준비를 할 것이다. 또한 당신이 승자가 되었을 때 고객은 당신을 만나기 위해 스스로 찾아올 것이다.

CHAPTER 6

불경기는 어필할 절호의 기회다

불경기는 최고의 기회

"시험받지 않는 삶은 살 가치가 없다." 소크라테스의 말이다.

사람의 인생은 시험의 연속이다. 자신이 겪는 시련에 대처하는 태도에 따라 인생은 바뀌게 된다. 시련을 고통이라 받아들이면 인생도 고통스럽게 느껴진다. 살다가 한 번은 부딪히고 넘어지는 돌부리라 생각하라. 그리고 다시 일어서면 된다. 그렇게 생각하자.

불경기라 탓하지 말자. 경제 상황이 바뀌면 나의 방법도 바꿔야 한다.

환경이 변하는데 자신이 변하지 않으면 도태되는 수밖에 없다. 모든 변화는 나로부터 시작된다.

사무 가구는 시장경기에 매우 민감하게 반응한다. 불경기일 때 기업체에서는 사무 가구를 구매하지 않는다. 기존 가구를 그대로 사용하면 되기 때문이다. 또 불경기가 되면 신규 법인 설립 숫자도 줄어들게 된다. 그만큼 사무 가구는 경기에 민감한 분야이다.

직장생활을 할 때는 이런 고민을 한 적이 없었지만, 사업을 시작하고 나서는 불경기에 대한 대응을 준비해야 했다.

우선 타깃 시장을 다양화했다. 민간 기업에만 집중했던 영업을 공공기관, 관공서 등으로 확대했다. 경기 영향을 상대적으로 덜 받는 시장이 공공조달 부분이기 때문이다. 한동안 민간기업의 영업에만 집중한 시기가 있었다. 공공조달 영업은 직장생활 당시 주요 업무였기 때문에 잠시 떠나 있고 싶었다. 솔직히 시장이 너무 혼탁해져 진입을 꺼린 이유도 있었다.

막상 부딪혀보니 불경기에 공공조달 영업은 더욱 매력적이었다. 특정 현장에만 경쟁업체들이 많이 몰리는 것이다. 그래서 전략을 바꿨다. 공공조달 분야에서도 경쟁사들의 관심이 적은 분야가 있다. 난 이곳을 집중적으로 공략했다. 결과는 대성공이었다.

지자체의 사업을 수주할 경우 연계 효과는 기대 이상이었다. 공공기관은 특성상 새로운 것을 창조하는 것에 부담을 느낀다. 따라서 기존에 있던 것을 보완, 개선하는 수준에서 구매가 이뤄진다. 지자체 특정 부서에서 발주하는 공사를 수주한다. 그러면 타 부서에서 발주공사를 담당하는 주무관이 문의하는 경우가 많다. 그 전에 공사한 것이 자연스럽게 사례가 되는 것이다. 그렇게 되면 별도로 제품 설명을 할 필요가 없다. 사무공간에 실제로 사용 중인 가구가 있는데, 이것보다 확실한 사례가 어디 있을까.

공공조달은 민간 기업을 대상으로 하는 영업보다 현장당 매출액은 낮은 수준이다. 그러나 많은 수주 건수가 현장당 낮은 매출액을 커버하는 지렛대 효과가 있다. 그래서 당사의 매출액은 불경기와도 평상시와 별 차이가 없다.

불경기일수록 빠르게 변화해야 한다. 불경기는 노력하는 영업인에겐 한 단계 성장하는 소중한 기회다.

여군 헬기 조종사인 배서희 작가의 저서 『오늘, 나는 더 행복하다』라는 책에는 이런 글이 있다.

"살면서 힘들거나 슬픈 일을 겪었다면 이는 훌륭한 자서전을 쓰기 위한 과정일지도 모른다. 시련은 기회가 되고 또 다른 기적을 낳는다. 준비된 자는 기회가 오면 놓치지 않는다. 그러나 준비되지 않는 자는 그것이 기회인지도 모르고 놓치고 만다. 인생은 곱셈이다. 내가 얼마나 준비되었느냐에 따라 0이 될 수도 있고 몇 배로 늘어날 수도 있다. 그렇기에 나는 앞으로 네 번의 기적, 다섯 번의 기적을 위해 오늘도 성장할 것이다."

이 글은 원고를 쓰는 지금 다시 봐도 감동을 준다. 내가 운영하는 블로그에 배서희 작가의 저서를 리뷰해놓은 글이 있다. "단언컨대, 어설픈 영업 스킬들을 주제로 출판된 도서보다 훨씬 도움이 되는 도서입니다." 기회가 된다면 꼭 읽어보기 바란다. 영업인으로서의 마음가짐과 자세에 많은 도움을 줄 것이다. 불경기뿐 아니라 자신에게 닥치는 시련을 맞이하는 태도에 따라 결과는 달라는 것이다.

불경기에 창의력을 활용하라

나는 불경기를 극복하기 위한 또 다른 방법으로 사업 아이템들의 다양화를 시도했다. 기존의 사업과 함께 연결해서 판매가 가능한 사업을 만드는 것이었다. 시장을 다양화했으니 넓어진 시장에 적용 가능한 아이템을 고민했다. 찾아낸 아이템은 기념품, 판촉물, 특판 선물용품이었다. 여러모로 검토한 결과 승산이 충분하다고 판단했다. 내가 생각한 장점은 이런 이유였다.

첫째, 사무 가구와 달리 이슈가 있을 때마다 구매할 수 있다. 둘째, 구매금액이 사무 가구 대비 소액이기 때문에 실무자 차원에서 집행이 쉽다. 셋째, 재고 부담이 없다. 넷째, 기존 사업과 연계되어 확장성이 쉽다.

사업성 분석을 끝내고 바로 실행에 옮겼다. 민간 기업보다는 공공기관에 효과적이었으며 수요도 많았다. 여기에 특판성 아이템들은 관공서 직원 장터를 소개받아 제품을 올렸다. 판매한 아이템들은 다양하게 구성했다. 가성비가 확실한 아이템들을 위주로 구성하였다. 이 제품들 역시 판매량이 좋았다.

1등 영업의 한 끗 차이

준비 없이 불경기를 맞이하면 아무것도 할 수 없다. 손가락만 빨면서 시간만 지나가길 기다릴 순 없다. 불경기가 오기 전에 미리 준비하라. 나의 경우 첫째, 지금 하는 일에서 확장할 수 있는 아이템을 찾았다. 추가적인 노력과 자금이 적게 들면서 매출을 올리는 방법이다. 둘째, 지금과 같은 상품 공급이 가능한 다른 시장을 개척했다. 불경기에 덜 민감한 시장과 아이템을 발굴해야 한다. 불경기는 생각의 전환이 필요한 때다. 예전과 같은 방법으론 유지할 수 없다. 살고 싶다면 움직여야 한다. 움직이면 살 수 있다.

사람들은 내게 사업 능력을 타고난 사람이라고 했다. 이는 나를 전혀 모르고 하는 말이다. 난 언제나 새로운 것을 찾으며 공부를 했다. 정보, 교육, 세미나, 저자강연 등 금액을 지불해가며 찾아다녔고, 지금도 배우고 있다. 이와 함께 새로운 사업 아이템들을 지속해서 발굴하기 위해 매일 고민한다. 사람들은 지금 하는 일 외에 다른 것을 찾고 공부하는 날 부러워하면서도 이해하지 못한다.

힘들다고 하면서 과거의 습관을 바꾸지 않는다. 이런 자세는 나쁜 습관을 개선할 의지가 없다고 생각한다. 모든 문제는 자신으로부터 시작되는데. 외부 환경에서만 원인을 찾는다. 외부에서 원인을 찾아봤자 고칠 수 없다. 가장 빠르고 효과적인 방법은 자신을 바꾸는 것이다.

불경기야말로 실력을 가릴 수 있는 절호의 기회다. 나의 영업은 불경기가 되면 더욱 빛을 발한다. 미처 생각지 못했던 아이디어들이 솟구치는 시기이기 때문이다. '영업을 어떤 방식으로 할까'에 대한 고민을 많이 하는 시기이기도 하다. 불경기가 되면 평상시보다 더욱 공격적으로 활동한다. 그리고 개척 영업을 더욱 활발히 한다.

"불경기면 움츠리고 있다가 경기가 풀리면 나가야죠. 너무 움직이지 마세요."

알고 지낸 영업인이 내게 말했다. 불경기와 내가 무슨 상관이 있길래 움츠리고 있어야 할까? 불경기에 수주확률이 떨어지는 건 사실이다. 반면에 잠재 고객들을 더 확보할 수 있는 절호의 기회이기도 하다. 나는 불경기에 주로 공공기관을 위주로 개척 영업을 한다. 이 시기에 맞춰 개척 영업을 하면 무주공산인 경우가 많다. 이유는 경쟁사에서 모두 움츠리고 있기 때문이다. 다른 사람들과 똑같이 생각하면 똑같이 살아간다. 다르게

살고 싶다면 다르게 생각하고 행동해야 한다.

영업에서 월등한 성과를 얻고 싶다면 불경기를 활용하자. 불경기는 역발상이 필요한 시기이다. 불경기에 씨앗을 많이 뿌려놓자. 경기가 회복되면 열매가 되어 돌아올 것이다. 첫발을 내디딘 영업인에게 불경기는 최고의 워밍업 기간이다. 경쟁자가 별로 없는 상황에서 충분한 필드 트레이닝을 할 수 있다. 적절한 운까지 따라준다면 성과까지 올릴 수 있다.

경제는 인간이 만든 것이다. 불경기도 인간이 만들어내는 현상이다. 그래서 인간이 바꿀 수 있는 것이다. 남들과 차별화된 생각 하나 행동 하나가 나를 앞서가게 만든다.

2019년도 초순인 지금도 불경기라며 아우성들이다. 이 사람들은 예전 그대로의 방식을 고수하는 사람들이다. 몸은 바쁘고 분주하게 움직이지만, 성과가 없다고 한다. 그러면 자신에게 질문을 던져야 할 때이다. "나는 제대로 일을 하고 있는가? 아니면 이 시기가 지나가길 기다리는가? 지금 내가 해야 할 일을 애써 외면하는 것은 아닌가?"

불경기일 때 나는 어떻게 변화해야 하는가? 이 질문에 당당히 대답하자. 불경기는 프로 영업인들을 위해 존재하는 것이다.

CHAPTER 7

당신이 성과를 내지 못하는 이유

양이 많으면 질도 좋다

2006년 말 사업을 처음 시작했던 초보 시절이었다. 나는 자신감이 넘쳤다. 드디어 내 이름으로 사업을 한다는 기쁨, 직장생활의 수입보다 더 많은 소득을 올릴 수 있다는 기대감으로 모든 것이 희망으로 가득했다.

한 명의 고객과 상담을 하면 그 고객에게 모든 힘을 쏟았다. 나와 상담이 이루어진 고객은 놓치지 않을 자신이 있었다. 계약 확률은 100%에 육박했다. 다른 현장에서 상담 요청이 와도 뒤로 미뤘다. 현재 영업을 진행 중인 고객에 대한 예의라고 생각했기 때문이다. 어느 순간부터 내가 가는 방향이 잘못되었다는 걸 느꼈다.

업무 특성상 바로 계약이 이루어지더라도 시공, 납품까지는 보통 3~15일 정도 소요된다. 결제는 한 달 이내에 이루어지는 구조였다. 성과는 좋았지만 몇 개월이 지나도 기대했던 것만큼의 이익이 발생하지 않았다. 원인을 분석해보니 내가 고수해왔던 원칙이 틀린 것이다. 그동안 나는 질적인 면에만 치중했다. 이를 계기로 영업을 할 때 양과 질을 함께 고민하기 시작했다.

일본 〈주간 문춘〉 기자 출신이자 지식계의 거장 다치바나 다카시라는 인물이 있다. 그의 저서 중 『나는 이런 책을 읽어 왔다』에는 이런 내용이 있었다. 3층 건물 전체가 그의 서가로 꾸며져 있다는 것이다. 개인의 서가치고는 엄청난 규모다. 그는 매일 수십 쪽에서 수백 쪽에 이르는 분량의 책을 끊임없이 읽었다고 한다. 그는 단순히 독서에만 그치지 않고 생산적인 글쓰기로 발전하였다. 그는 엄청난 독서량을 통해서 충분한 훈련이 되었기에 양질의 저서를 출간할 수가 있었다.

영업도 마찬가지다. 한 명의 고객과 현장을 대상으로 영업하다 실패하면 상실감은 몇 배로 커지게 된다. 실적은 물론이고 생활고에 시달리는 것은 시간문제다.

나는 영업도 양과 질을 모두 선택하는 방향으로 변경했다. 보름 정도의 기간을 투자해 현장, 고객과 관련한 데이터베이스를 만들었다. 그리고 최초의 데이터베이스를 가공하는 작업을 했다. 가공이라고 하는 것은 실제 이슈가 발생한 현장이 맞는지 살피고 담당 실무자의 연락처를 확인하는 일이었다.

지금 생각해도 당시 만들었던 정보들은 양질의 수준이었다. 타깃으로 정한 현장 담당자들은 대부분 구매계획이 있었기에 흔쾌히 미팅을 수락했다. 이후의 성과들은 계속해서 좋아졌고 매출은 수직으로 상승했다. 그 결과 몇 개월도 되지 않아 효과가 나타났다.

현재까지도 나는 그동안 축적된 방대한 데이터베이스를 활용하고 있다. 지금도 매월 최소 다섯 군데 이상의 현장을 확보하고 있다. 매달 실적을 걱정하며 영업을 하는 것은 이미 오래된 이야기가 되었다. 양질의 데이터베이스는 영업인에겐 동아줄과도 같은 존재다. 최초의 데이터베이스에 의존하지 말고 자신만의 것으로 가공하는 법을 알아야 한다.

'내가 만나고 있는 고객은 몇 명인가? 만나는 고객과 현장 중 계약 가능성이 있는 곳은 얼마나 되는가?' 영업인이라면 이 점을 절대 소홀히 하면 안 된다.

'양이 많아야 질 좋은 거래처 발굴도 가능하다.'

영업인 중에는 1년 365일 바쁜 사람이 있다. 난 그런 사람을 보면 여전히 신기하게 보일 뿐이다. 그래서 바쁘게 사는 영업인을 만나봤다. 바쁜 만큼 매출은 엄청나게 발생하고 있었다. 조심스럽게 수익률을 물었다. 입이 딱 벌어질 정도로 처참한 수준이었다. 문제는 여기에 있다. 왜 이런 현장들만 가지고 유지할까?

문제의 원인은 단순했다. 대부분 현장에서 저조한 수익이 발생했기 때문이다. 가뜩이나 수익률이 저조한 현장 중에서 몇 군데만 경쟁사에 빼앗겨도 타격이 크다.

영업에는 센스가 필수

나도 한때 거래처의 수익률로 고민한 적이 있었다. 글로벌 외국계 기업 B사와 있었던 일이다. B사에서 발생하는 매출은 높은 수준이었다. 본사, 계열사 그리고 지방 지사까지 매년 발생하는 물량은 작은 규모가 아니었다. 하지만 수익률이 발목을 잡았다. 저조한 수익률에 결제는 C은행 90일 전자카드로 발행되었다. 말이 전자카드지 어음과 같은 성격이다. 설상가상으로 당사에서 공급받던 본사의 출고가까지 인상된 것이다. 현장 여건에 따라 자칫하면 마이너스가 발생할 수도 있었다. 부득이하게 B사에 공문을 보냈다. 공문을 보낸 결과 B사와의 거래는 끊기게 되었다. 비록 B사와의 거래는 끊어졌지만 속은 후련했다. 그동안 앓던 이를 빼버린 느낌이었다. 이외에도 몇 가지 사례가 있었다.

이런 말을 하면 다른 영업인들은 내게 배가 불렀단 소리를 한다. "남들은 거래하고 싶어 환장한 거래처를 왜 그래?" 그렇다. 나는 많은 현장 데이터베이스를 가지고 있어서 배가 불렀다. 그래서 수익률이 저조한 현장들은 과감히 제외하는 여유가 생긴 것이다.

저조한 수익률로 고민하는 시간은 최대한 줄이자. 대신에 신규 거래처 확보를 통해 수익률을 개선하는 것이 훨씬 효과적이다.

1등 영업의 한 끗 차이

매출은 높은데 이익이 시원찮은 사람. 실적이 저조한 사람. 열심히 해도 성과가 없는 사람. 모두 원인이 있다. 원인을 분석하고 대응하라. 수익률이 저조한 품목과 현장이 있다면 과감하게 정리하라. '잠재 고객 DB를 구축하라.' '질이 좋은 DB'로 가공하라. '질이 좋은 DB'는 많을수록 좋다. 이것은 영업인에겐 밥줄이다. '질이 좋은 DB'가 많으면 실패해도 회복이 빠르다.

'열 번 찍어 안 넘어가는 나무가 없다.'라는 속담이 있다. 세일즈 시장에서는 이런 순수한 속담은 적용되지 않는다. 열 번을 찍어도 안 넘어가는 고객은 분명히 있다. 이런 곳에 자신의 소중한 시간과 열정을 쏟지 않길 바란다. 단 몇 번만 찍어도 넘어가는 나무를 고를 수 있는 안목을 길러야 한다. 그리고 찍을 수 있는 나무들을 최대한 많이 만들어놔야 한다. 그중에는 반드시 넘어가는 나무가 있다. 찍을 수 있는 나무들을 많이 만드는 것. 그것은 데이터베이스 작업이다.

처음 직장생활을 할 때 거래처에 가면 대표님들이 무용담처럼 하시는 말씀이 있었다.

"예전엔 말이야. 고객들이 트럭을 직접 몰고 와서 물건을 싣고 갔어. 하루도 지나기 전에 매장 금고에 현금이 가득 차 돈을 넣어둘 곳도 없었지. 그땐 영업사원도 필요 없었어. 고객들이 알아서 찾아왔으니까."

실로 엄청난 시절이 있었던 것 같다. 하지만 세상이 변했다. 변해도 너무 많이 변했다. 내가 초보 영업사원이었던 시절 발바닥에 땀이 날 정도로 돌아다녔다. 그러면 어느 정도의 성과는 나왔던 시기였다.

대한민국의 변화된 산업구조를 알면 어느 정도 이해가 갈 것이다. 우리나라는 이미 세계 10위권의 경제 규모를 자랑하고 있다. 산업화를 통해 한강의 기적을 이뤘고, 국민의 금반지를 모아 IMF를 거뜬히 극복했다. 이러한 급격한 과정들을 겪으면서 산업구조는 진화했다. 산업구조의 진화로 생산, 유통, 소비구조가 모두 변화했다. 소비구조가 바뀐다는 것은 소비자의 선택방식이 바뀌었다는 것이다. 그런데 영업인의 방식은 바뀐 것이 거의 없다. 부지런히 얼굴도장만 찍는 사람, 여기저기 명함만 열심히 뿌리는 사람. 이제 이런 형태의 영업은 설 자리를 잃어버렸다. 결국, 발바닥에 땀 나도록 다녀도 성과가 없다는 뜻이다.

운이 좋게도 오랜 경험 덕분에 다양한 시장을 타깃으로 하고 있다. 하지만 이제 갓 영업을 시작한 사람과 경력이 짧은 사람은 타깃을 최대한 좁혀야 한다. 괜한 욕심으로 여러 타깃을 노리지 마라. 저조한 성과로 고생문만 열릴 것이다.

양궁을 예로 들면 과녁에는 획득 가능한 포인트가 있다. 선수들은 집중해서 10점 포인트를 향해 조준한다. 만약 과녁이 없으면 화살을 쏠 수 있는 곳은 무한대이다. 하지만 어디로 쏴야 하는지 모른다. 목표가 사라진 것과 같다. 따라서 명확한 타깃을 정한 이후에 시작하자.

'열정', '자신감'은 영업인이 기본적으로 갖춰야 할 자질이다. 그러나 열정과 자신감만으로 영업하면 실망과 좌절감만 남는다. 열정과 자신감, 여기에 영업인의 퍼스널브랜딩, 신뢰, 제품에 가치를 더하는 스토리텔링 등 많은 요건이 결합되어 원하는 결과를 만들어내는 것이다.

태어나서부터 우리는 지금껏 누군가를 설득하며 살아왔다. 부모님, 형제, 친구, 직장동료 등 모든 사람을 대상으로 말이다. 엄밀히 말하면 세상 모든 사람이 영업인이다. 결과로 평가를 받는 것만 다를 뿐이지, 모든 사람은 영업 활동을 하는 것이다.

지금 자신의 상황이 어렵다는 것은 자신의 잘못이 아니다. 더 나은 방법을 찾기 위해 잠시 고민하는 시간일 뿐이다. 내 인생이 원하는 방향으로 가지 않는다고 생각이 드는가? 만약 그렇다면 내가 설정한 목표와 다른 길로 가는 중이다. 그러면 잠시 생각하는 여유를 가져보자. 언제나 긍정적인 자세로 나의 일에 임하자. 내가 희망했던 꿈, 미래가 있는 목표에 다가갈 것이다.

  탁월한 성과를 원한다면 명확한 목표를 만들자. 목표가 설정되면 망설임 없이 도전해야 한다. 절대 뒤돌아보지 말고 전진하자. 도전하는 영업인은 자신감으로 가득하다. 고객은 자신감을 가진 영업인을 신뢰한다. 변화를 원한다면 먼저 행동하자.

CHAPTER 8

성공의 80%는 정신력이 결정한다

열정 없는 영업은 죽은 영업이다

영업이란 직업은 자신과의 끊임 없는 싸움이다. 인간이 어떠한 일을 실행하고자 할 때 필요한 것이 있다. 바로 '원동력'이다. 자신을 움직이든, 타인을 내가 원하는 방향으로 움직이게 하든 원동력이 필요하다.

성공한 탑 클래스 수준의 영업인들에겐 일치하는 공통점이 있었다. 그들은 한결같은 긍정적인 마인드의 소유자였다. 자기 일을 사랑하고 높은 수준의 자존감을 가진 사람들이었다. 나는 이런 영업인들로부터 많은 영감을 받는다.

나폴레온 힐은 『성공의 법칙』에서 열정에 대해 이렇게 말했다.

"열정은 단순한 말장난이 아니다. 열정은 모든 일을 할 때 도움이 되는 근원적인 생명력이다. 열정이 없는 사람은 방전된 배터리와 다를 바가 없다. 열정은 자신을 재충전하고 역동적으로 삶을 살아가기 위한 원동력이 된다. 열정이란 생명력이다. 이 생명력을 충분히 개발하지 못하는 사람은 성취를 위한 첫걸음조차 내딛지 못할 것이다."

열정은 사람을 움직이게 하는 에너지와 같다. 열정이란 에너지가 바닥나기 전에 반드시 채워야 한다. 그래야 목표를 향해 달려가는 원동력이 생기는 것이다. 열정은 자동차의 연료와 같다. 연료가 떨어지면 자동차는 멈추게 된다. 마찬가지로 열정은 마음에 언제나 가득 차 있어야 한다. 우리의 열정은 불가능을 가능하게 만드는 마법이 있다.

난 누구보다 열정의 중요성을 강조한다. 열정이 없으면 어떤 결과를 가져오는지 뼈저린 경험을 했기 때문이다.

2012년부터 대기업 S사의 유통 브랜드인 E사 전국 지점 공사를 진행했다. 단가계약으로 진행된 사업이었다. 당사와 계약된 구매금액은 1년 치 물량으로 14억 정도가 되었다.

전국을 다니면서 자동차의 1년 주행거리가 8만 km가 넘을 정도로 강행

군을 했다. 스펙 미팅, 추가 미팅, 납품, 완료 현장 확인 등 1개 지점당 4회 정도를 방문했다. 현장 특성상 철야 작업이 필요한 곳도 있었다. 물류 및 시공은 별도의 팀으로 운영되었지만 총괄책임은 내가 담당해야 했다.

열심히 일하며 운영하는 사업이 탄력을 받았다. 문제는 나의 체력이었다. 살인적인 일정으로 귀가하지 못하는 날이 많았다. 공사 일정이 잡힐 때마다 현장 근처의 모텔이나 찜질방에서 숙박했다. 휴일에 쉬는 것은 불가능했다. 고속도로에서 졸음운전은 일상이 되었다. 극심한 두통은 친한 친구와도 같았다. 집에 들어오는 날이면 대충 씻은 후 잠이 들었다.

1년 동안을 정신없이 지내다 보니 바닥난 체력은 회복될 기미가 없었다. 체력이 부족하니 모든 것에 의욕을 잃었다. 그냥 쉬고 싶다는 생각밖에 없었다. 이대로 일을 계속하면 죽을 수도 있다는 생각이 들었다. 일하다 죽을 수도 있다는 것을 그때 처음 느꼈다. 아직도 당시의 느낌이 생생하다. 반복되는 생활에 남았던 작은 열정조차 사라졌다. 다른 거래처에서 상담 의뢰가 와도 대응하기 싫었다. 그래서 일정조차 잡지 않고 거절했다. 기존 거래처 관리도 엉망이 되었다.

열정은 식어만 갔다. 그 대가로 사업은 기울었다. 한 번 기울어진 사업을 다시 일으키는 것은 힘들었다. 더는 의욕이 생기지 않았다는 것이 정확한 표현인 것 같다. 나의 첫 번째 사업은 7년 만에 막을 내렸다. 뜨거웠던 열정을 팔아버린 대가였다.

영업인이 되려면 내면을 먼저 갖춰라. '열정', '정직', '겸손', '배움의 자세'. 돈 벌어보겠다
고 덤볐다가 대부분 포기한다. 기술과 지식보다 내면이 먼저다. 내면을 준비하고 도전하
라. 다 죽어가는 몸에서 열정을 기대하지 마라. 건강한 육체에서 열정도 나온다. 나는 일
을 하다 죽을 수도 있다는 생각을 했다. 그 정도로 건강을 외면했다. 자신의 몸을 혹사하
며 일하는 것은 자랑할 일이 아니다. 극도로 피로해진 몸은 빈껍데기와 같다. 빨리 회복
시켜라. 건강해야 영업도 한다.

성공학, 자기계발 관련 서적들에서 성공을 위해 필요한 내면은 '열정'이
라는 공통점이 있다. 왜 그럴까? 열정은 전염성이 매우 강하기 때문이다.
나로부터 시작되는 열정은 다른 사람의 말과 행동에 영향을 준다. 심지어
정신에도 행복한 에너지가 전달된다. 열정의 전염성은 쉽게 경험할 수 있
다. A라는 친구를 만나면 힘이 솟고 가슴이 뛴다. 그 친구의 이야기는 언
제나 재미있다.

명확한 목표를 향한 열정의 힘은 엄청나다. 열정은 학벌, 직업, 수입 등
의 조건을 모두 무시해버릴 만큼의 강력한 힘을 가졌다. 세상에 열정이
없었다면 실패한 사람과 성공한 사람의 구분이 없었을 것이다. 같은 열정
이라도 사람마다 온도가 다르다고 한다. 열정의 온도가 뜨거운 사람일수
록 원하는 인생을 살 수 있다는 것이다. 나의 말이 믿기지 않는가? 난 식
어가는 열정으로 인해 처참한 결말을 경험했다. 그리고 열정이란 단어가
사람을 어떻게 변화시키는가를 직접 목격했다.

정신력은 건강한 체력에서 시작된다

평소 독서를 좋아했던 나는 책이 쓰고 싶었다. 나의 실패담, 성공담 그리고 노하우를 독자들에게 전달해주고 싶었다. 우연한 기회에 '한책협'이란 단체를 알게 되었다. '한책협'의 김태광 대표의 저서『나는 직장에 다니면서 1인 창업을 시작했다』를 읽었다. 책의 제목만 봤을 때 직장인이 창업을 준비하는 일반적인 실용도서 정도로 생각했다. 책의 내용은 놀라웠다. 비참하다 못해 처절한 삶을 살았던 청년이 지금은 100억대의 자산가가 되었고 여전히 꿈을 실현해가는 내용이다. 그 책 한 권은 잠자고 있던 나의 열정을 끌어올리는 데 충분했다.

김태광 대표가 더 궁금해졌다. 1일 특강을 신청 후 참석했다. 특강 종료 후 책 쓰기 과정에 대한 수강 여부를 결정해야 했다. 하지만 고가의 수강료에 망설여졌다. 내 예상을 몇 배나 뛰어넘는 금액이었지만 책 쓰기 과정을 등록했다. 이유는 김태광 대표의 열정과 함께하고 싶었다.

이미 성공한 그는 타인들의 성공을 돕는 멘토의 역할을 하고 있었다. 수업을 들을수록 '한책협'의 작가들과 소통하며 나도 몰랐던 열정들이 솟구쳐 올랐다. 대단한 경험이었다. 이곳은 꿈과 열정이 가득한 사람들만 모였다. 책 쓰기를 배우러 왔다가 꿈을 배우고 나를 알게 되었다. 내 인생 최고의 사람들을 드디어 만난 것이다.

문득 김태광 대표의 가르침이 떠오른다.

"가장 용기 있는 사람은 아픔과 힘든 과거를 뒤로하고 희망과 꿈을 위해 사는 사람이다."

난 예전에 실패했던 사업을 처음보다 더 크게 만들어가는 중이다. 그리고 나의 꿈은 더욱 커졌다.

사람들은 정신력이 강해야 한다고 말한다. 이 말은 순서가 틀린 말이다. 사업 실패를 했을 당시 체력이 극한의 상황에 달했을 때 절실히 느꼈다. '체력이 강해야 정신력도 강하다.' 난 그래서 꾸준히 운동한다. 일주일에 두 번 정도 산을 오르내리며 맑은 공기를 마신다. 그것으로 충분하다. 강한 체력이야말로 강한 정신력의 기초가 된다. 체력이 있어야 열정도 끓어오르는 법이다. 영업은 몸으로 부딪치는 직업이다. 다 죽어가는 몸에서 열정을 기대하지 마라. 건강한 신체로부터 신념과 열정은 시작된다. 세일즈 성공에 필요한 80%의 내면을 위해 건강을 유지하자.

지그 지글러의 『당신에게 사겠습니다』의 내용이다.

"자신을 바로 할 때, 세일즈는 훨씬 쉬워진다. 당신을 바로 하는 '비결'

은 '태도'를 바르게 하는 것이다."

지그 지글러가 전하는 글은 영업인에게 기본 원칙이다. 올바른 태도는 내면으로부터 시작된다. 성공하는 영업인이 되고 싶다면 자신의 태도부터 바로 세우고 시작하자. 확고한 목표는 강철같은 멘탈과 동기를 만들어내는 재료와 같다. 목표를 위해 목숨을 바칠 만큼의 열정을 유지한다면 성공한 영업인이 될 수 있다. 결국엔 자신이 믿는 만큼 성공한다.

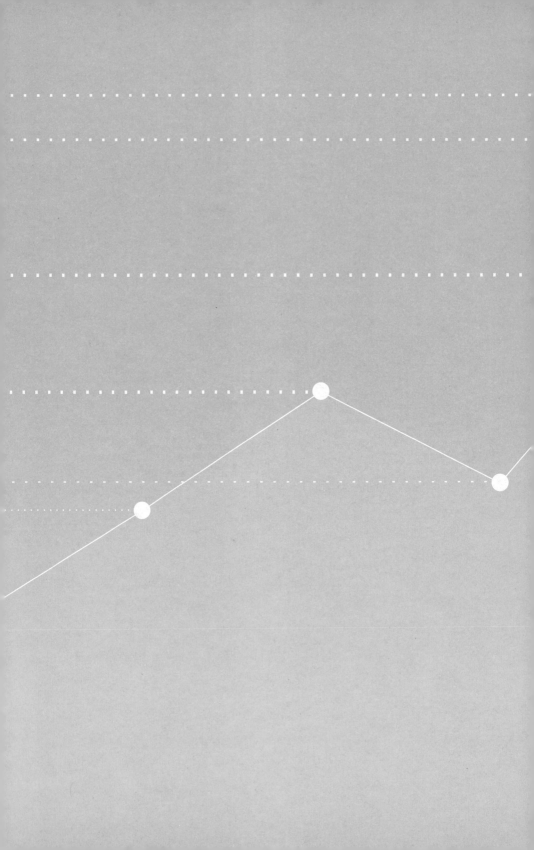

PART 2

말 잘하는 영업 :
말이 시작이자 끝이다

CHAPTER 1

차분하고 명료하게 말하라

흥분하면 지는 것이다

정치인들이 출연하는 종합편성채널을 가끔 시청한다. 여당, 야당에서 1명씩 나와 주제에 관해 토론하고 자기 당을 대변하는 형식이다. 상대가 말하는 것에 휘말려 흥분하는 정치인에게 저절로 눈이 간다. 특별한 이유가 있어서가 아니다. 그런 사람들을 보면 재미가 있다. 흥분해서 말이 꼬이고, 주제를 벗어나는 말을 하는 모습을 보며 이런 생각을 한다. '난 저렇게 말하지 말아야지….'

여러 곳을 다니다 보니 각양각색의 고객을 만난다. 한 번은 거래처 사무실에서 자신의 불만을 쏟아붙이는 사람을 만난 적이 있었다. 구매 담당자가 아니라 누군지도 몰랐다. 그냥 상황을 지켜봐야 했다. 그 사람은 흥분해서 자기가 하고 싶은 말만 계속해댔다. 말하는 내용에 틀린 사실이 있어도 끝까지 듣고만 있어야 했다. 우선 설명이 필요한 부분만 메모해놓았다. 그 사람이 차분해질 때를 기다렸다가 다시 대화를 시작했다. 그리고 그는 대화가 끝날 때 즈음 내게 사과를 했다. 실무 담당자에게 요구한 의견이 당사에 전달되지 않았던 것이다. 그래서 내게 화풀이를 했다고 한다. 아마도 순간의 화를 참지 못한 사실에 창피함과 미안함을 느꼈을 것이다.

영업을 하면서 원치 않게 화풀이 대상이 될 때도 있다. 나도 인간이라 유쾌하진 않다. 때로는 화도 난다. 영업을 하면서 흥분하면 어떤 모습으로 변할지 나 스스로 잘 알고 있기에 항상 평정심을 유지하려 노력한다. 평정심을 잃게 되면 차분하게 말하는 것이 힘들어진다. 영업인의 흥분한 듯한 목소리는 고객을 불안하게 만든다. 차분함을 잃게 되면 영업에 도움되는 것이 전혀 없다. 프로 영업인은 철저한 사전 준비를 한다. 그의 준비된 말은 차분하지만 자신감이 느껴진다. 그의 말은 고객의 흥미를 유발한다. 설득력 있는 대화를 유도하는 것에 익숙한 사람이다.

영업인은 아무리 사소한 것이라도 우연을 기대해선 안 된다. 준비되지 않은 영업인에겐 우연은 스쳐 가는 기회도 같다. 모든 것은 영업인의 준비된 명료한 말 한마디에서 시작된다는 것을 기억하자.

  밝히고 싶지 않은 내 인생 최악의 프레젠테이션 경험담이다. B기업에서 프레젠테이션이 있었다. 참가업체별 발표시간은 20분이었다. 뽑기를 통해 당사는 마지막인 세 번째 순서로 배정받았다. 지금까지 해왔던 것이기에 부담 없이 준비했다. 발표장 밖에서 오랫동안 차례를 기다렸다. 당사의 순서가 되어 발표장으로 들어갔다.

  평가자들의 관심을 끌기 위해 재미있는 이야기로 시작했다. 의도대로 진행되어 출발은 좋았다. 그런데 갑자기 마이크 작동이 되지 않았다. 담당자가 와서 이리저리 손을 봤지만 당장 고칠 수는 없는 것 같았다. 하는 수 없이 마이크 없이 계획대로 진행했다. 마이크가 없으니 목소리를 크게 올려야 했다.

  얼마 지나지 않아 목소리가 조금씩 갈라지는 느낌이 들었다. 갈라지는 목소리를 감추기 위해 톤을 약간 낮춰봤지만, 효과가 없었다. 계속 발표를 이어가자 급기야 마른기침까지 나오는 지경까지 이르렀다. 내가 불쌍해 보였는지 평가자들의 일그러진 표정이 보였다. 그때부터 머릿속이 하얗게 되고, 아무런 생각이 나지 않았다. 발표하면서도 내가 무슨 말을 하는지도 몰랐다. 난 이내 차분함을 잃었고 말의 속도는 점점 빨라졌다. 말이 빨라지니, 말의 길이도 길어졌다. 혀가 꼬이고 입술이 바싹 말라가는 느낌이었다. 우여곡절 끝에 겨우 발표를 끝낼 수 있었다. 겨우 한숨을 돌렸지만, 무슨 일이 일어났는지 혼돈이 왔다. 프레젠테이션 결과가 형편없었으니 보기 좋게 수주에 실패했다. 경쟁사 직원들이 나를 위로해주었다. 초췌해진 내 모습이 불쌍해보였나 보다.

　당시의 창피했던 경험은 나의 약점을 절실히 느끼는 기회가 됐다. 어떤 조건에서라도 프레젠터는 프로답게 발표하는 능력이 있어야 한다. 나는 발표 현장의 변수를 극복하지 못했다. 당황한 나머지 발표 속도 조절에 실패했다. 차분한 설명도 불가능했다. 평가자들은 내가 전달하는 내용 또한 이해하지 못했을 것이다. 대화하든 발표를 하든 상대가 이해할 수 있어야 교감이 된다고 생각한다. 나는 차분함을 잃었다. 그래서 조리 있고, 명료한 의사를 전달하는 데 실패했다. '왜 그랬을까.' 많은 후회를 했지만 지난 일이기에 되돌릴 수 없었다. 나를 더욱 단련하는 것이 유일한 방법이었다. 그때의 경험을 계기로 어떠한 조건과 변수에도 평정심을 잃지 않는 연습을 했다. 지금은 영업 현장에서 강철같은 멘탈을 유지하는 프로 영업인이 되었다.

제안서는 논리적으로, 프레젠테이션은 감성적으로 접근해야 한다. 프레젠터는 현장의 어떠한 변수도 극복해야 한다. 사전에 청중 분석, 발표 위치, 청중과의 거리, 시선 각도, 냉난방 시설 등의 정보를 확인하라. 미리 생수를 준비하는 것도 좋다. 목소리가 높아지면 말은 빨라진다. 이때 의식적으로 말의 속도는 늦춰야 한다. 자신의 생각보다 조금 늦어도 좋다. 청중이 듣기에 무리 없는 속도다. 마무리할 때는 고객의 문제에 대한 해결책 제시는 필수다. '…하겠습니다.'라는 말로 개선책을 언급하라.

명료한 말하기 습관을 생활화하자

베트남의 승려이자 시인인 틱낫한의 저서 『화(Anger)』의 글을 살펴보자.

"대화 없이는 진정한 이해도 없다. 진정한 이해를 위해 우리는 먼저 자신과의 대화를 열어야 한다. 자신과 대화를 할 수 없다면 어떻게 타인과의 대화를 기대할 수 있겠는가?"

틱낫한이 말한 것은 고객과 영업인의 관계에도 마찬가지가 아닐까. 고객을 이해하지 못한 상태에서 니즈를 확인한다는 것은 힘들다. 원활한 상담을 위해 필요한 것이 있다. 바로 차분하고 명료하게 의사를 전달하는 자세다. 고객을 이해하는 마음은 있는데 의사 전달이 제대로 되지 않는다면 무슨 소용이 있겠는가.

사람마다 말하는 방법이 습관화되어 있다. 자신이 말하는 방법이 잘못된 사실을 알지 못하는 경우가 대부분이다. 적어도 영업인은 자신의 잘못된 말하기 습관을 바꿨으면 한다. 귀에 거슬리는 말의 습관은 듣는 상대를 힘들게 할 수도 있다. 잘못된 말하기 습관은 영업인들에게도 볼 수 있다. 시작은 좋은데 끝맺음이 불분명한 경우가 많았다. 마무리가 확실하지 않으면 자신감이 없어 보인다. 따라서 자신감 있게 명료하게 의사를 전달하는 방법이 중요하다.

명료하고 또렷하게 의사를 전달하는 간단한 방법이 있다. 첫째, 말의 시작을 강하게 하고, 끝맺음도 강하게 하라. 말의 시작과 끝만 명확하게 표현해도 명료한 느낌을 전달할 수 있다. 둘째, 목소리의 시작 포인트는 목 천장 뒤편에서 출발시켜라. 소리가 앞에서 나오면 마치 짧은 혀에서 나오는 소리처럼 들린다. 이런 목소리는 정말 듣기 거북하다. 지금 당장 연습해보자.

이 자리에서 원하는 답변을 고객에게 얻어내겠다는 욕심은 위험하다. 이런 욕심은 성급함으로 이어진다. 판매만 하겠다는 영업인의 생각은 말로 표출되기 마련이다. 조바심과 초조함은 표정에도 묻어난다. 그러면 고객은 심리적으로 거부반응을 느끼거나 영업인에게 거절로 표현한다. 고객은 대부분 본능적으로 방어 자세를 취한다. 고객은 방어 자세로 영업인을 탐색 중이다. 그런 고객에게 성급한 제안은 더 이상의 만남을 힘들게 할 수도 있다. 따라서 고객과의 대화 중에는 노골적인 판매 멘트는 삼가야 한다. 입장을 바꿔 생각해보자. 다른 영업인이 자신에게 갑자기 훅 들어온다면 좋아할 사람이 누가 있겠는가.

영업인에게 탁월한 말주변까진 필요 없다. 우리 영업인은 세 치 혀로 먹고사는 사람이 아니다. 실력이 조금 부족하더라도 진실을 전달하는 능력자가 되어야 한다. 언제나 차분하고 명료하게.

CHAPTER 2

경청의 목적은 정보수집이다

경청은 영업인 최고의 무기

고객이 원하는 것을 확인하고 제안하는 것, 이것은 영업인의 기본적인 일이다. 영업인의 최종 목적은 판매이다. 판매를 위한 경청의 효과는 대단하다. 인간관계에서도 경청의 힘은 강력하다. 경청으로 상대의 마음을 쉽게 흔들어버린다. 고객의 마음을 원하는 방향으로 움직이는 건 영업인의 희망이다.

나의 제안에 고객이 고개를 끄덕이며 흔쾌히 계약하는 모습은 상상만 해도 신이 난다. 그러나 현실은 어떤가. 영업인 대부분은 고객의 작은 반응에도 휘둘리고 있다. 이유는 고객의 진짜 마음을 모르기 때문이다. 고객의 진심을 알면 다양한 반응에도 대응할 수 있다.

초등학교부터 대학교를 졸업하는 순간까지 읽기, 말 잘하기를 배운 적은 있어도 잘 듣기를 배운 적은 없다. 우리 몸은 이미 듣는 것에 익숙하지 않도록 적응이 되었다. 그래서 경청이 힘든 것이다.

대학교 1학년 시절 난 모든 친구와 잘 어울렸다. 밤새도록 술을 마시고 이야기하는 것이 즐거웠다. 친구들은 내게 자신의 고민, 이성 문제 등을 털어놓았다. 나는 친구들의 이런 이야기를 듣는 것이 좋았다. 함께 공감하고 함께 슬퍼하고 난 진심으로 친구들의 이야기를 들었다. 당연히 친구들과의 사이는 더욱 가까워졌다.

비즈니스를 할 때도 진심으로 경청한다면 엄청난 효과를 볼 것이다. 고객과의 미팅이 예약되면 고객과 함께 있는 모습을 상상한다. '난 고개를 끄덕이고 반응한다. 적절하게 감탄을 한다.' 쉬운 것 같지만 연습하지 않으면 경청을 하기란 어려운 것이다.

상황에 맞는 질문과 진지한 경청은 세일즈를 고급스럽게 만들어준다. 그리고 고객의 닫힌 마음은 자연스럽게 열리게 된다.

새로운 투자증권사가 강남에 설립되었다. 당사를 포함해 5개의 업체가 경합을 했다. 제안서, 도면, 프레젠테이션 자료 등 업체별로 접수를 받았다. 업체들은 각각 다른 날짜에 발주사와 미팅을 했다.

보름 뒤 고객사로부터 연락이 왔다. "축하드립니다. 우선 협상 대상자로 선정되셨습니다." 우선 협상 대상자지만 실질적으로 당사가 수주한 것이다. 며칠 뒤 추가 협의가 진행되었다. 그전까지는 담당 과장과 미팅을 했다. 수주 완료 후에는 전무님과 함께 미팅을 했다. 관계가 가까워지자 전무님이 말을 건넸다.

"이 실장님, 가격과 스펙, 디자인은 참가 업체 간에 우열을 가리기 힘들었어요. 우리는 전문가가 아니라서 전부 비슷한 제품들로 보였거든요. 이 실장님을 선택한 이유는 한 가지였습니다. 우리가 요구하는 부분들을 진지하게 들어주었고 해결 방안까지 명확하게 제시해주었어요. 김 과장이 실장님 칭찬을 많이 하더군요."

경청의 힘을 다시 한 번 실감했다. 이 현장은 성공적으로 마무리했다. 나를 믿어준 고객사에서는 사무 가구뿐 아니라 리모델링 사업 시 인테리어 공사까지 내게 모두 일임을 했다. 이후 여의도 지사, 삼성동 투자자문사 신규설립 시 모든 사업을 내게 맡겼다. 경청의 결과는 이런 것이다. 경청과 질문을 통해 우리가 원하는 결과를 얻을 수 있다.

나의 직함은 대표지만 명함에는 실장으로 되어 있다. 상담을 하다 보면 대표라는 직함이 고객에게 부담을 느끼게 하는 것 같았기 때문이다. 경청할 때 고객의 심리적 부담을 줄여드리기 위한 작은 배려이다. 그래서 사업을 시작할 때부터 지금까지 나의 직함은 '이동현 실장'이다.

고객이 영업인에게 만남을 요청한다는 건 원하는 것이 있기 때문이다. 원하는 것을 표현하는 고객에게 먼저 귀 기울여야 한다. 고객마다 표현하는 방식에 차이가 있다. 그래서 나는 고객들과 만나면 반드시 지키는 원칙이 있다. 제품의 이야기는 고객이 먼저 말할 때까지 기다린다. 고객의 의도를 먼저 이해하기 위해서다. 거울로 자신의 얼굴을 보자. 얼굴에서 두 개인 것은 눈과 귀밖에 없다. 인간은 이렇게 만들어졌다. 눈으로 보고 귀를 기울이란 뜻이다. 두 개의 귀가 당신이 가진 훌륭한 무기다.

영업의 목표를 달성하기 위한 핵심은 질문과 경청이다. 경청은 고객의 마음을 열리게 한다. 열린 마음은 곧 영업인에 대한 신뢰로 발전한다.

경청은 고객의 마음을 이해하는 것

2014년에 있었던 일이다. 경기도 파주 현장에서는 100세대 이상의 타운하우스를 신축하고 있었다. 사전에 현장책임자와 통화 후 미팅을 했다. 책임자로부터 현장과 관련한 정보를 들었다. 상담 중에 샘플하우스에는 이미 타 업체의 제품이 전시되어 있다는 사실을 알았다.

"전시 제품의 구성과 견적에 만족하세요?"

"그저 그래요. 좀 더 좋은 조건을 원해서 상담을 요청한 겁니다."

나는 책임자의 단 한마디에 확실한 답을 얻었다. 며칠 뒤 나는 샘플하우스 컨셉에 벗어나지 않는 디자인의 제품들을 제안했다. 가격은 경쟁사보다 조금 저렴한 수준으로 제출했다.

결국, 본 물량은 당사가 수주했다. 이유는 간단했다. 아파트의 경우 모델하우스 가구들은 평수와 구조가 정형화되어 동일 규격, 동일사양으로 시공이 된다. 파주 현장의 경우는 달랐다. 건축주가 부지 매입 후 주택의 모양은 세대별로 원하는 디자인과 구조로 설계를 했다. 여기에서 힌트를 얻었다. 샘플하우스의 단가는 경쟁사보다 낮게 제출했다. 그러나 설계구조가 다양한 현장 특성이 있었다. 건축주의 요구에 따라 설계변경은 얼마든지 가능했다. 주부들은 넉넉한 수납공간을 원한다. 따라서 실제 시공단계에서는 샘플하우스의 규격보다 넓은 공간의 가구들이 적용되었다.

매주 토요일, 일요일에는 샘플하우스를 방문하는 건축주들을 상대로 설계도면을 기준으로 제안했다. 세대마다 원하는 스타일이 달랐다. 마감재는 원목, 무늬목, 멤브레인, 열전사 등 다양하게 적용되었다. 결국, 시공 규격과 마감재 부분에서 발생하는 차액은 고스란히 이익으로 가져올 수 있었다.

샘플하우스를 먼저 시공한 업체는 자신들이 수주할 것으로 예상했을 것이다. 하지만 그들은 고객의 요구에는 관심이 없었다. 내가 공사를 완료할 때 즈음에야 상황을 파악했다.

이처럼 고객은 영업인의 관심을 원한다. 고객의 니즈를 외면하는 순간 영업인은 외면을 당하는 직업이다. 고객도 사람이다. 누군가 자신의 입장을 이해해주고 진실한 자세로 공감해주는 사람에게 끌리게 마련이다. 경청은 고객뿐 아니라 상대를 움직이는 마법과 같다.

어려운 과정을 거쳐 고객과 만남이 이루어진다. 소중한 기회는 반드시 살려야 한다. 내가 고객에게 무슨 말을 했는가는 중요한 것이 아니다. 고객의 입장에서 난 여러 영업인 중 한 명일 뿐이다. 고객은 첫 만남에서 나의 말을 기억하지 못한다. 첫 만남부터 기억에 남도록 하자.

무조건 경청하자. 경청이란 딴생각을 하며 듣는 척하는 것이 아니다. 고객의 반응을 지켜보며 숨겨진 뜻을 파악해야 한다. 프로 영업인은 이미 경청의 힘을 경험하고 있다. 그리고 그들의 공통점은 경청의 힘을 믿는다는 것이다. 경청은 결코 쉬운 것이 아니다. 어쩌면 스스로 수양을 할 정도로 인내심을 요구한다.

나는 여기서 경청과 질문의 중요성에 대해 여러 번 강조했다. 이것이야말로 고객을 자발적으로 움직이게 하는 힘이다. 고객의 정보를 최대한 많이 파악하는 방법이다. 그리고 고객의 니즈를 영업인에게 스스로 말하게 하는 최고의 방법이다.

말하기에도 원칙이 있다

말할 때는 '간격'을 만들어라

초보 영업사원 시절의 일이다. 공공기관인 P사에서 품평회와 프레젠테이션이 진행되었다. 당사를 포함한 3개사가 참가했다. 그중 1개사에서 품평회 기준을 위반했다. 나는 위반 업체에 품평용 샘플을 기준에 맞게 전시할 것을 요청했다. 경쟁사에서는 이미 설치 완료된 제품이기 때문에 불가하다고 했다. 고객사 실무자에게 규정대로 해달라고 다시 요청했다. 담당자는 나의 의견을 수용했지만 난처한 표정을 지었다. 이미 임원들이 품평회 장소를 둘러보고 있었기 때문이다.

프레젠테이션을 하면서 품평회 기준을 위반한 사실을 발표했다. 그리고 위반 업체에 대해 적절한 조치를 요청했다. 프레젠테이션이 끝나고 질의 응답시간을 가졌다. 평가자 중 한 분이 규정 위반에 대한 질문을 했다. 나는 의욕이 넘친 나머지 경쟁사와 관련한 불필요한 사실까지 답변했다. 명백하게 경쟁사를 비방하는 수준이었다. 보다 못한 임원 중 한 분이 질의 응답시간을 강제로 종료시켰고 행사는 끝이 났다. 결국, 수주는 실패했다.

그때 부적절한 행동을 생각하면 얼굴이 화끈거린다. 영업인이 경쟁사 비방을 하지 말아야 하는 건 기본 중의 기본이다. 회사의 규모나 인지도, 시장 점유율을 고려해도 당사의 점수가 압도적으로 높았다. 그런데도 순간적인 실수로 회사에 부정적인 영향을 끼친 것이다.

영업 관련 서적에서도 경쟁사나 경쟁자를 언급하는 내용은 본 적이 없다. 주로 설득 기법을 주제로 한 책들이 많다. 아마 가장 기초적인 내용이라 저자들이 언급하지 않았을 것이다. 초보 영업인들이 나와 같은 실수를 하지 않기 바란다. 그런 마음에서 이 글을 쓴다. 꼭 기억하자! 세일즈를 하면서 특정 경쟁사를 비방하지 마라. 비유를 제시하고 경쟁사와 차별화시키는 방법이면 충분하다. 영업인에게는 경쟁사를 존중하는 자세도 필요하다. 경쟁사를 존중하는 한마디로 당신은 더욱 돋보이게 된다.

누구나 학창시절에 이런 경험은 한 번쯤 있었을 것이다. 수업 시간에

졸다가 갑자기 조용해지는 순간이 있다. 깜짝 놀라 정신이 번쩍 드는 순간 선생님께서 던진 분필이 날아왔다. 졸면서도 주변 상황에 신경을 곤두세우는 것, 이것은 '간격'의 힘이다.

나는 프레젠테이션을 할 때 말의 속도가 점점 빨라질 때가 있다. 내 습관을 알고 있기에 의식적으로 속도를 늦추려 한다. 이럴 땐 잠깐의 여유를 두고 청중을 확인한다. 변화된 분위기에 청중들의 집중도는 높아진다.

───────────── **1등 영업의 한 끗 차이** ─────────────

슬라이드를 넘길 때 "다음은 …입니다."라는 반복되는 말은 하지 마라. 넘기면서 약간의 여유(약 2초간)를 가져라. 그러면 프레젠터와 청중도 편안하다. 개선 전과 개선 후의 이미지를 대비하여 시각적 효과를 제공하라. 프레젠테이션 연습 시 회사 동료와 임원을 대상으로 리허설을 하라. 이들을 청중으로 가정하고 연습하는 것이다. 혼자 연습할 때보다 훨씬 효과적인 방법이다. 예상 질문 리스트를 미리 만든 후 답변을 연습하라. 실전에서 당황하지 않고 질문에 답할 수 있다.

───

당신이 말하는 속도는 어느 정도인가? 영업인이 말하는 속도는 고객의 집중도에 많은 영향을 준다. 영업인은 짧은 시간 안에 설명하려 한다. 이런 조급함으로 말은 빨라지고 고객은 지루함을 느낀다. 이럴 땐 숨을 고르고 잠깐 쉬어가는 것이 좋다. 말을 할 때도 리듬의 변화가 필요하다.

적절히 쉼표를 활용하고 대화의 간격을 두는 것이 좋다. 그래야 의사가 정확히 전달된다. 말의 간격을 만들면 발음이 정확해지고 고객이 집중한다. 말의 간격으로 영업인은 대화의 완급을 조절할 수 있다. 고객은 생각할 시간을 갖게 된다. 적절한 말의 간격은 고객과 영업인 모두에게 도움을 주는 기술이다.

"제안해 드린 제품들은 이해가 되셨나요?"
"구매를 결정하는 데 어떤 기준이 있으신가요?"
"구매 결정 과정에 포함된 다른 분이 계신가요?"
"지금 사용하시는 제품에서 불편한 점은 무엇인가요?"

위의 질문들은 영업인이 던져야 할 대표적인 질문이다.

고객이 듣고 싶은 말을 하라

세일즈 스킬에서 경청과 질문은 톱니바퀴와 같다. 질문은 경청하기 위한 사전 단계다. 질문을 시작으로 고객과 소통해야 한다. 질문의 질이 상담 성과를 좌우한다. 질문의 시작은 고객이 대답하기 쉬운 순서로 진행하는 것이 좋다. 처음부터 신중한 답변이 필요한 질문을 한다면 고객은 당황할 수 있다.

같은 질문이라도 '레토릭법'을 사용하면 훨씬 부드러운 분위기로 이어진다. 레토릭법은 '고객님, 이런 방법은 어떨까요?'라고 제안하는 것을 질문으로 표현하는 것이다. 대답하는 고객으로서도 편안함을 느끼는 상담이 된다. 세련된 질문을 통해 원하는 정보를 얻어야 한다. 효과적인 질문은 원했던 답을 듣는 기회가 된다. 질문은 기대하는 결과를 얻기 위한 중요한 수단이다.

자연스럽게 질문을 해도 고객은 취조를 당한다고 느낄 수 있다. 따라서 상담 과정에서 질문과 경청만으로는 한계가 있다. 한계를 극복하기 위해선 말하고 싶은 생각이 들도록 유도해야 한다. 하나의 정보를 나눠서 말하면 좋다. 그리고 고객의 반응을 기다리면 된다. 고객이 반응을 보이기 시작하면 맞장구로 공감하라. 고객은 영업인에게 다시 질문하고 반대 의견을 제시하는 것이 좋다. 이것은 상담 과정이 활발히 진행되고 있다는 뜻이다.

연예인 유재석 씨가 한 말 중 이런 명언이 있다. "내가 하고 싶은 말보다 상대방이 진정 듣고자 하는 말을 해라." 영업인의 말솜씨가 뛰어나도 고객의 관심이 없으면 무용지물이 된다. 먼저 영업인의 말에 귀 기울이게 해야 한다. 고객이 듣고 싶어 하는 말을 먼저 하라. 상담 과정에서 고객을 주인공으로 만들어라. 이 방법은 상담 초기에 사용하는 것이 효과적이다. 고객이 주도권을 갖고 있다는 느낌을 줘야 한다. 그러면 고객은 상담에 적극적 태도를 보이게 될 것이다.

고객의 질문에는 명확하게 대답해야 한다. 그리고 받은 질문의 내용은 다시 확인해야 한다. 함께 말하고 들어도 다르게 해석하는 경우가 많기 때문이다. "고객님, 제 말은 그 뜻이 아니었습니다."라는 말을 한다면 영업인에 대한 신뢰는 급격히 떨어진다. B2B세일즈의 경우 이러한 상황은 자칫 막대한 손실로 이어질 수도 있다. 따라서 불필요한 해석을 하게 만들지 말아야 한다. 명확한 내용으로 전달하고 다시 확인하라.

상담 중에 고객이 영업인의 말을 이해하지 못할 때가 있다. "제 말은 그게 아니고요. 그 부분은 잘못 알고 계신 겁니다."와 같은 불필요한 말은 하지 말아야 한다. 만약 내가 고객 입장에서 그런 말을 듣는다면 불쾌한 기분이 들 것이다. 이런 경우 내가 말한 내용을 다시 확인만 시켜주면 된다. 조금이라도 부정적인 느낌의 단어는 사용하지 마라.

지금까지 설명한 말하기 원칙을 정리하면 첫째, 경쟁사를 존중하는 말을 하는 것. 둘째, 대화 간격을 만드는 것. 셋째, 효과적인 질문을 하는 것. 넷째, 고객 스스로 말하게 유도하고 맞장구치는 것. 다섯째, 질문에 명확하게 대답하고 확인하는 것. 여섯째, 고객이 듣고 싶어 하는 말을 먼저 하는 것. 일곱째, 고객이 이해하지 못했을 때 재확인시켜주고, 부정적인 단어를 쓰지 않는 것이다.

7가지 기본 원칙을 적극 활용하라. 이것만으로도 원활한 상담이 충분히 가능하다. 7가지 원칙은 영업 현장에서 많은 시행착오를 겪으며 습득한 나만의 방법이니 꾸준히 연습해보기 바란다. 반드시 좋은 결과가 있을 것이다.

CHAPTER 4

이해하기 쉽고 단순하게 말하라

쉽게 말하는 것이 능력이다

도서관에서 읽어볼 만한 책을 찾았다. 『소비자 행동론』이란 책이 눈에 띄었다. 제법 두꺼운 책이었다. 어려운 글만 가득해서 책을 펼친 지 몇 분도 안 돼서 덮어버렸다. '구매동기의 정의'를 읽었는데 이해하기 쉽지 않았다. 메모지에 적어와서 다시 읽어봐도 마찬가지였다. '구매동기의 정의'는 이렇게 표현되어 있었다.

'충족되지 않은 욕구 때문에 발생하는 소비자의 내적 긴장을 줄이기 위한 일종의 추진력.' 심오한 철학을 말하는 것처럼 보였다. 학문적으로 접근할 때는 배우는 사람들이 쉽게 이해할 수 있어야 한다고 생각한다. 차라리 이렇게 정의하면 어떨까. '소비자의 욕구를 충족하기 위한 결심.'

고객과 상담을 할 때 부담스러운 말이 있다.

"전부 알아서 해주세요."

이런 경우가 가장 난감하다. 제품, 색상, 규격 등 중요한 사양들을 알아서 하라니. 지금껏 했던 상담은 무의미한 과정이 된 것이다. 다시 확인해도 자신은 전문가가 아니니 알아서 해달라고 한다. 영업인을 신뢰하니 그런 반응을 보일 거라 좋게 생각했다. 이럴 때 고객의 요구는 단순하다. 그러나 영업인으로선 머리가 복잡해진다. 고객이 원하는 보이지 않는 메시지가 더 많기 때문이다. 결정 단계에서 영업인과 고객의 입장이 이따금 바뀔 때가 있었다. 이런 경우 영업인은 생각할 게 많아진다. 돌발 상황을 재미있게 받아들이면 오히려 흥미 있는 일로 바뀔 수 있다. 고객은 모르기 때문에 어렵게 말할 수 있다. 하지만 영업인은 명확한 정보만 고객에게 전달해야 한다. 의미 없는 미사여구보다 이해하기 쉽고 간결하게 설명해야 한다.

영업인의 생각이 정리되지 않으면 고객을 이해시키지 못한다. 영업인은 효과적인 정보 전달 방법에 대해 고민해야 한다. 무엇을 어떻게 전달할지를 먼저 생각하자.

다음은 고객의 눈높이에 맞춰 말하고 이해시키는 것이다. 영업인이 말하고자 하는 내용에 대해 완벽하게 이해하고 말해야 한다. 그래야 고객이 이해하기 쉽다. 쉬운 것을 쉽게 말하기는 쉽지만, 어려운 것을 쉽게 말하기는 어려운 것이다. 고객에게 쉽게 설명하는 것은 생각보다 어렵다. 이해하기 쉽게 전달하려면 고객 관점에서 말해야 한다. 이때 고객이 자주 사용하는 말과 단어들을 적절히 사용하는 것도 효과적이다. '조금 아는 사람은 어렵게 설명하고, 많이 아는 사람은 쉽게 이야기한다.'라는 말이 있다.

상품에 대해 모든 설명을 한다고 고객이 이해하는 것은 아니다. 어쩌면 듣지 않을 수도 있다. 전달하는 내용이 많을수록 고객은 집중하지 못한다. 초점을 잃은 장황한 설명보단 요점만 간단히 끊어서 말하는 것이 좋다. 고객은 바쁜 사람이다. 영업인은 말을 조금이라도 더 하고 싶지만 우리의 말을 정성스럽게 들어줄 고객은 많지 않다. 상담 중에 고객의 니즈와 관계없는 말은 삼가자. 포인트만 짧고 간결하게 전달하는 능력을 먼저 만들어보자.

개척·영업을 할 때 잠재 고객의 정보를 수집했지만, 연락이 안 되는 경우가 있다. 이런 경우 일단 잠재 고객을 만나러 간다. 약속 없이 왔던 영업인들은 명함과 카탈로그만 놓고 돌아갔다. 명함은 공식적인 정보 외에 자신을 알리는 방법에 제한이 있었다. 고객의 책상 위에는 경쟁사에서 이미 놓고 간 카탈로그들도 많았다. 많은 카탈로그들 중에 내가 놓고 간 카탈로그를 선택받아야 한다.

소중한 시간을 들여가며 방문했는데 '뽑기'로 선택받는다는 것은 억울하다는 생각이 들었다. 그래서 잠재 고객을 만나지 못할 경우를 준비했다. 그래서 난 2종류의 스티커를 제작했다. 쉽게 눈에 띄는 색상으로 제작했다. 한 가지는 가로, 세로 5.5cm의 정사각형으로 만들었다. 다른 한 가지는 가로 10.5cm, 세로 7.5cm의 직사각형으로 제작된 스티커다. 작은 정사각형 스티커에는 고객의 호기심을 유발하는 문구와 무료로 제공하는 서비스를 인쇄했다. 직사각형 스티커에는 구매 절차에 대한 정보와 나에 대해 간략한 소개를 했다. 나의 경력을 포함해 매력을 느낄 만한 내용도 넣었다.

모든 문구는 한눈에 들어오도록 만들었다. 스티커를 사용하지 않았을 때보다 고객의 피드백 횟수는 월등하게 많아졌다. 군더더기 없이 명확하고 짧게 표현된 글이었다. 호기심을 유발했으니 나에 대해 당연히 궁금했을 것이다.

고객은 이해하기 쉽고 단순한 표현에 관심을 가진다. 굳이 말하지 않아도 작은 아이디어 하나로 매출로 증가했다. 이해하기 쉬운 표현과 문구는 직접 말하는 이상의 효과를 발생시킨다. 지금은 고객의 호기심을 일으키는 더 많은 방법을 준비했다. 당신도 지금 방법이 신통치 않다면 변화를 시도해보기 바란다. 영업이 정체된 상황이라면 당장 뭔가를 바꿔야 한다는 신호다. 자기 변신에 능한 자가 성공하는 법이다.

한 방으로 끝내라

처음 골프를 배울 때를 기억한다. 온몸에 힘이 가득 들어간 채 도끼로 통나무를 자르듯 클럽을 패대기친다. 아무리 힘있게 때려도 공은 원하는 곳까지 날아가지 않는다. 반면에 프로골퍼들은 몸에 힘을 뺀 상태에서 부드럽게 스윙을 한다. 아이언과 볼이 만나는 임팩트 순간에는 쫙 달라붙는 느낌의 소리가 난다. 볼은 미사일처럼 시원하게 뻗어간다. 골프클럽 페이스에는 볼이 정확하게 임팩트가 되는 '스윗스팟(Sweet Spot)'이 있다. 이 부분과 볼이 만나게 되면 짜릿한 손맛과 함께 필드에 함께 온 동반자들의 박수를 받는다.

영업인의 말도 스윗스팟에 정확한 임팩트가 이뤄지면 된다. 많은 말이 필요 없다. 이해하기 쉽고 간결한 말로 충분하다.

명절이 되면 부모님이 계시는 대구로 내려간다. 대구에 도착하면 먼저 가족과 함께 반월당에 주차하고 시내 구경을 한다. 반월당 입구에는 핸드폰 매장이 줄지어 있다. 고객을 끌어당기기 위한 기발한 문구들이 많다.

여기를 지나갈 때마다 아내와 아이들이 재미있다고 웃는다.

'싼 집 찾다가 열 받아서 직접 차린 가게', '사장님이 미쳤어요', '핸드폰 값은 똥값' 등 재치있는 문구들을 많이 볼 수 있다. 매장 출입구에 있는 '최신 핸드폰 공짜', '다양한 기종 보유' 등 이 정도 문구로는 고객의 관심을 끌지 못할 것이다.

고객에게 전달하는 메시지는 분명하고 간결해야 한다. 영업인이 알고 있는 모든 상품 지식에 대해 고객은 궁금해하지 않는다. 고객의 니즈를 파악하고 필요한 부분만 단순하게 전달하면 되는 것이다. 여기에 호기심을 유발하는 멘트를 더 하면 금상첨화가 된다.

영업인은 알고 있는 지식을 고객 수준에 맞게 설명하는 것이다. 트럼프가 대통령으로 당선된 이유 중 하나도 초등학생조차 그의 연설을 이해할 수 있었기 때문이라고 한다. 고객이 쉽게 이해하도록 내용을 전달하는 것. 이것이 프로다운 영업이다.

신입 영업사원 시절 어려운 용어를 쓰면 있어 보일 거라고 생각했다. 그래서 고객을 만날 땐 전문용어를 써가며 나름의 유식함을 자랑했다. 난 고객이 이해하지도 못하는 말로 열심히 영업했다. 그러면서도 영업을 잘하고 있다는 착각에 빠졌다.

고객을 가르치려 하면 고객은 속으로 '너나 잘하세요.'라며 말할 것이다. 영업인은 고객을 가르치는 직업이 아니다. 사람은 자신이 없거나 거짓말을 할 때 말이 길어진다. 영업인의 말은 상품을 간결하게 담아내는 그릇이 되어야 한다.

'말은 하기 쉽게 하지 말고 알아듣기 쉽게 하라.'라는 말이 있다. 고객과의 상담은 물론 일상생활에서도 상대방이 쉽게 이해할 수 있도록 말해야 한다. 쉽게 이해하기 위해선 문장도 짧게 만들어야 한다. 영업인이 이해하기 쉬운 말을 한다고 해서 얕잡아보는 고객은 없다. 고객이 이해하기 쉽게 말하는 것이 진짜로 말 잘하는 영업인이다.

CHAPTER 5

꾸준히 연습하고 훈련하라

긍정을 생활화하라

최고가 되기 위해서는 피나는 연습을 해야 한다. 프로골퍼, 프로야구, 프로축구 등 프로선수들은 경기가 없는 시즌에도 꾸준한 훈련을 하고 있다. 하나의 기술을 익히기 위해 무한 반복을 한다. 이들은 프로이기에 스스로 끊임없이 훈련하는 것이다. 영업의 세계는 프로들이 활동하는 곳이다. 영업의 세계에 남고 싶다면 프로처럼 생각하고 훈련해야 한다.

안부를 물어볼 때마다 매번 같은 대답만 하는 영업인이 있다.

"안녕하세요. 요즘 어떻게 지내세요. 영업은 잘되시죠?"

"그저 그렇죠. 바쁘기만 하고 남는 게 없네요. 잔챙이 영업만 하니 돈이 안 돼요."

실제 이 영업인은 실적이 좋은 적도 없었고, 원하는 만큼의 돈을 벌어본 적도 없다. 세상을 잃은 듯한 표정으로 하는 말이 모두 부정적인 단어로 가득했다. 이런 영업인들을 한 번씩 만나면 속된 말로 기가 쪽 빨리는 느낌이 들었다. 이런 부류의 사람들은 주변인에게도 부정적인 영향을 준다. 만나고 나면 언제나 찝찝한 느낌이 들어 만나기가 싫어진다.

영업인은 말 한마디에도 신경 써야 한다. 평소 언어 습관이 자신의 인생이 되기 때문이다. 어떤 영업인은 엄살 부리는 척 이런 식으로 대답하지만, 이것조차 위험한 말이다. 사람은 말대로 이뤄진다. 자신의 모습은 지금까지 자신이 생각했던 모습의 결과다. 다양한 세일즈 스킬을 배우는 것보다 중요한 것은 자신의 습관부터 고치는 것이다. 평소에도 부정적인 사고와 단어를 사용하는 것이 습관화된 영업인은 절대 성공할 수 없다. 이 사실에는 예외가 없었다. 성공한 영업인들을 보면 그들이 사용하는 단어에 확연한 차이가 있다.

말하는 단어와 문장은 자신감과 긍정의 단어들로 표현해야 한다. 난 지금은 부정적 표현이 습관화된 사람들과 만나지 않고 있다. 심지어 그런 친구들과도 만나지 않는다.

한때, 난 부정적인 생각, 비뚤어진 시각으로 살았다. 둘째가라면 서러울 정도의 비관론자였다. 사람을 무시하고, 업신여겼다. 내가 제일 잘난 사람으로 착각하며 살았다. 자부심은 자만심으로 변했다. 자만심은 이내 주변인들에 대한 불만으로 바뀌었다. 생활하면서 모든 것이 불평불만으로 가득해졌고, 이런 태도는 매출에도 영향을 주게 되었다. 정신을 차렸을 때는 이미 늦은 상황이었다. 모든 것은 엉망으로 돌아갔고, 더이상 돌이킬 수 없는 상황이 되었다.

다시 일어서기 위해 노력했다. 단시간에 생각을 바꾼다는 건 무척 힘들었다. 그래서 말하는 습관부터 바꾸기 시작했다. 긍정적인 단어들로 말을 바꾸니, 생각도 자연스럽게 변했다. 생각을 바꾸고 나니 세상을 보는 시각이 달라졌다. 몸에 깊숙이 밴 습관을 바꾼다는 건 정말 어려운 과정이었다. 하지만 선택의 여지가 없었다. 이대로 쓰러지고 싶지 않았기 때문에 필사적으로 노력했다.

영업인은 고객 앞에서 진실한 모습으로 임해야 한다. 그만큼 영업인은 자신의 내면을 수양하는 것을 훈련해야 한다. 당장 고객 앞에서 자신의 성격을 숨길 수 있겠지만, 고객은 언젠가 알게 된다. 거짓으로 포장된 사람의 본 모습은 들키기 마련이다.

고객과 상담을 할 때 영업인은 의도와 목표를 가지고 만남에 임할 것이다. 영업인으로부터 시작되는 긍정적인 단어들로 표현된 대화는 구매확률을 높여준다. 고객으로부터 긍정적인 대답을 듣는다는 건 영업인들의 희망 사항이다. 고객으로부터 영업인이 원하는 대답을 유도하기 위해서 먼저 필요한 것이 있다. 긍정적인 의미의 단어를 활용한 질문이다.

난 목소리에 대해 핸디캡을 가지고 있었다. 기본적인 목소리부터 바꿔야 했다. 내 목소리는 중저음에 속하는 편인데 억양이 부족했다. 억양이 부족하니 상대방이 볼 때 감정이 부족하다고 말한다. 딱딱한 분위기가 되는 것이다. 면대면 상담이 아니라 전화 상담을 할 때는 상대가 기분 나쁘게 반응할 정도였으니 심각한 수준이었다. 프레젠테이션 교육을 여러 차례 받고 실습하며 연습했다. 거울을 보면서, 운전하면서 계속 연습했다. 얼굴 근육이 굳어 있었으니 쉽지 않았다. 한 번은 무리하게 연습을 한 탓에 광대뼈 아랫부분에서 경련까지 일어났다.

얼마 전에는 책 쓰기 과정과 함께 스피치 과정도 수강했다. 스피치 과정 기간은 4주였다. 이 과정은 예전에 받았던 교육 내용과는 확연한 차이가 있었다. 어렴풋이 느꼈던 진짜 나의 핸디캡이 뭔지를 확인하는 기회였다. 이 과정을 통해 한 단계 발전하는 기회가 되었다. 내가 개선하고 발전시켜야 할 점은 여전히 많이 남아 있다. 배우면서 발전하는 과정을 게을리하면 영업의 세계에서 낙오하는 건 한순간이다. 따라서 앞으로도 끊임없이 배우고 연습할 것이다.

성장을 원한다면 자신부터 변화하라

전화하고 고객과 만남을 계획하는 건 영업인의 기본적인 업무다. 그런데 자신이 해야 할 기본업무조차 부담스러워하는 영업인이 많다. 이들은 공통점이 있다. 부족한 점을 개선하기 위한 훈련조차 하지 않는 것이다. 자신이 바뀌지 않으면서 실적은 바뀌길 원한다. 세상 어디에도 이런 원리는 없다. 변화된 결과를 원한다면 자신의 습관부터 바꿔야 한다. 전화하거나 고객을 만나거나 하루의 목표량을 설정하고 달성하는 습관을 만들어보자. 자신만의 시스템을 만들어보자. 시스템 안에서만 활동하도록 스스로 구속해야 한다. 명확한 플랜을 통한 액션만이 결과를 바꿀 수 있다.

사람끼리 만나는 것도 수준이 맞는 사람끼리 어울리게 된다. 말도 통하는 사람끼리 만난다. 하수 영업인은 프로 영업인들 사이에 끼고 싶겠지만, 그들은 쉽게 허락하지는 않을 것이다. 냉정하게 들리겠지만 사실이다. 유명한 프로 영업인들을 만날 기회도 흔치 않다. 설령 기회가 생긴다 해도 비용을 지급하고 만나야 할 것이다. 왜냐하면, 프로 영업인들은 굳이 자기 시간을 소비해가며 하수들을 만날 이유가 없기 때문이다.

나도 하수 영업인의 시절을 경험했다. '저 사람들은 잘나가는데, 난 왜 이럴까? 운이 좋았을 거야.' 말도 안 되는 상상을 하면서 스스로 위로했다. 나 자신이 초라해 보였다. 그 사람들처럼 되려면 내가 변해야 했다. 선택의 여지가 없었다. 언제까지 누군가를 부러워하며 살기 싫었다.

초보 영업인들은 비법서처럼 답이 나와 있는 세일즈 스킬들을 찾고 있다. 원포인트 레슨처럼 원하는 것을 콕콕 집어서 가르쳐주는 방법도 있다. 하지만 영업을 배울 때 이것만큼 위험한 것이 없다. 연약한 지반으로 인해 집이 무너지는데, 갈라진 벽 틈 사이로 시멘트를 메우는 것과도 같은 행동이다. 이런 식으로 배우면 단기적인 효과는 기대할 수 있지만 시간이 지나면 결국 영업 스킬의 밑천은 바닥나고 무너지는 일만 남게 된다. 무슨 일이든 기초가 튼튼해야 한다. 영업이란 모든 과정이 연결되어 있다. 수험생처럼 국어, 영어, 수학 등 특정 과목만 배워서 해결될 일이 아니다.

인간은 생각하는 것을 말하도록 만들어졌다. 자신이 말하는 것은 생각으로부터 나온 것이다. 그리고 자신이 생각하고 말하는 대로 살게 된다. 만약 평소에도 부정적인 생각과 말하는 습관을 지녔다면 당장 바꾸는 연습을 해야 한다.

실적에 목말라도 편법을 사용하면 안 된다. 잘못된 편법은 결국 고객에게 피해를 주게 된다.

'희망은 어떤 것도 보장해주지 않는다. 힘든 노력만이 무엇이든 보장해 준다.'라는 말이 있다. 자신이 부족하면 부족한 것을 먼저 채워야 한다. 끊임없이 연습하고 훈련하자. 영업인은 한순간의 방심과 자만도 허락해 선 안 된다. 프로들의 세계에서는 순식간에 뒤로 밀려난다. 최고의 목표 를 세우고 도전하는 것은 프로 영업인의 특권이다. 최고가 되기 위해 끊 임없이 훈련하자.

CHAPTER 6

감성을 터치하고 자극하라

감성에는 마법 같은 힘이 있다

우리 생활에서 스팸 전화는 일상이 되었다. 스팸 전화를 받으면 기분 좋은 사람은 없을 것이다. 알다시피 이런 전화를 받을 땐 기분이 불쾌한 이유가 있다. 기계적으로 전달하는 멘트와 노골적인 상품 설명만 시도한다. 감성이라곤 찾아볼 수 없다. 이런 전화에 감동하는 사람도 없을 것이다. 만약 고객의 감성을 자극하지 못하는 영업인이라면 실력을 더 키워야 한다.

영업은 다방면에 걸친 지식을 요구하는 직업이다. 다양한 고객과 만나기 때문에 취미, 경제, 정치, 종교 등 여러 분야에 대한 지식이 필요하다.

그렇다고 전문가 수준의 깊이 있는 지식까지는 필요 없다. 고객의 관심사에 맞게 공감 가능한 수준이면 충분하다.

2019년 1월에 신기한 경험을 했다. 현장 영업을 오랫동안 했지만, 고객과 이처럼 깊은 감성이 통했던 적은 처음이었다. 금천구 C공공기관에서 있었던 일이다. 작년 연말부터 상담과 제안 작업을 시작 후 19년 1월 초에 공사를 진행했다. 공사를 시작하기 전 사전 현장 점검을 했다. 공사를 할 수 없는 조건이었다. 하루 만에 공사를 끝내야 했다. 어떻게든 가능한 조건으로 만들어야 했다. 아침 일찍부터 고생한 끝에 공사가 가능한 조건으로 만들었다. 공급업체로서 당연히 해야 할 일이었다.

가구 공사는 성공적으로 마쳤고, P팀장은 감사의 표시로 점심 식사를 대접하겠다고 했다. 건물 맞은편 순두붓집으로 향했다. P팀장은 밝고 순수한 성격의 소유자였다. 이야기를 나누면 상대의 기분까지 좋아지는 느낌을 받았다. 이런저런 이야기를 하다 보니 P팀장과 나는 독서를 즐긴다는 공통점을 가지고 있었다. 여러 가지 책을 이야기하며 내게 추천도 해주셨다. 대화의 주제는 자연스럽게 가족에 관한 이야기로 넘어갔다. 어느덧 1시간의 점심시간이 훌쩍 지났다.

난 고객을 설득하는 직업을 가진 영업인이다. 하지만 거꾸로 P팀장이

하는 말에 경청을 넘어 몰입하는 수준이 되었다. P팀장과 더 많은 이야기를 나누고 싶었다. 아쉬웠지만 1시간이란 소중했던 기억으로 만족해야 했다. 내가 현장을 떠날 때는 운전하면서 마시라고 커피까지 대접해주셨다. P팀장은 내게 영업인은 고객과 어떻게 대화해야 하는지 깨닫게 해주었다. 마치 P팀장에게 설득당하는 느낌을 받으며 몰입했을 정도였으니까. 난 P팀장에게 감사한 마음을 가지고 있다. 여전히 그때의 경험을 기억하면 신기하다. 서로에게 좋은 기억으로 남았으면 좋겠다. 난 P팀장으로부터 감성 영업의 진수를 배웠다. 영업인은 고객에게 배운다. 그리고 누굴 만나든 배울 기회가 있다. 난 그래서 영업이란 직업을 사랑한다.

우리는 자신의 감정을 감추는 것에 익숙하다. 팍팍한 삶과 무미건조한 일상이 만들어낸 결과라 생각된다. 가까운 사람에게조차 '사랑해', '미안해', '고마워'라는 말을 하는 것에 익숙하지 않다. 익숙하진 않지만 가까운 가족에게라도 먼저 감성을 터치해보는 것은 어떨까.

상담할 때는 유독 친밀감이 느껴지는 고객이 있다. 이런 느낌은 나만의 생각이 아니었다. 고객 또한 내게 친밀감을 느끼고 있었다. 이유를 보면 영업인과 고객의 공통점이 많을수록 친밀감이 빠르고 깊게 형성되었다. 짧은 시간의 대화에도 공감하는 부분이 많으니 그런 것이다. 감성 영업을 하기 위해선 고객의 기본 정보를 알고 시작해야 한다. 그래서 고객의 감성을 자극한다는 건 쉬운 일은 아니다.

고객의 감성을 자극하기 위해선 때론 환상이 필요하다. 그 결과, 고객은 '이 제품을 사용하면 나도 연예인처럼 될 수 있겠지.'라고 생각한다. 제품의 사양을 설명하는 것보다 '당신도 이렇게 될 수 있어요.'라고 환상을 주는 것이다.

집 근처에 세계적인 오토바이크 기업 H사 쇼룸이 있다. 오토바이크에는 관심이 없었지만, 호기심에 이끌려 쇼룸으로 향했다. 재미있는 사실은 난 오토바이크를 탈 줄 모른다는 것이다. 오토바이크 매장에도 처음 가봤다. 쇼룸에는 서비스센터도 함께 있어 화려한 오토바이들이 줄지어 있었다. H사 제품을 가까이서 보니 심장이 요동쳤다. 시동을 걸면 커다란 엔진 소리가 귓속을 때렸다. 일반적인 오토바이의 소리와는 달랐다. 귀에 거슬리지 않으면서도 압도감을 주는 소리였다.

'배기량이 커서 소리가 다르게 들릴까?'라며 혼자 생각했다. 오토바이 엔진 소리에 대해 직원에게 물었다. 직원은 H사 오토바이크는 엔진 소리까지 고려해 생산한다고 했다. 쇼룸 내에는 가죽점퍼를 포함한 H사의 액세서리들이 다양하게 있었다. 제품은 달랐지만 지향하는 H사의 콘셉트는 명확했다. 탄탄한 스펙을 기본으로 감성을 자극하는 마케팅을 활용한 것이다. H사 매니아들은 감성마케팅에 열광하는 것이란 생각을 했다.

감성으로 설득하라

『공감하면 사람이 90%가 바뀐다』의 저자 문충태 박사의 말이다.

"설득보다 공감하게 만드는 게 우선입니다. 영업인의 고정관념은 설득부터 하려고 합니다. 상대방은 벽을 쌓고 거절하려는데…. 공감을 먼저하게 해야 합니다."

맞는 말이다. '공감하는 척'하는 태도로는 감성을 자극하지 못한다. 따라서 공감하지 못하면 고객에게 감성을 전달하는 것도 불가능하다.

나쁜 기억은 하루빨리 기억에서 지워버리고 싶은 것이 인간의 본능이다. 감성을 자극하기 위해선 고객에게 좋은 모습으로 기억되어야 한다. 그리고 고객과의 지속적인 교감이 이뤄져야 한다. 계약만을 목적으로 감성을 자극하고, 계약 후에는 나 몰라라 한다면 감성 영업의 가치는 잃게된다. 오히려 고객의 실망만 더 커질 뿐이다.

여전히 많은 영업인이 카탈로그에 기재된 정형화된 설명을 한다. 이것만으로는 계약을 이뤄내지 못한다. 고객의 감성과 공감을 끌어내기 위해선 언어로 표현해야 한다.

인간은 이성보다 감정에 영향을 받는다. 고객의 선택을 받기 위해 마케팅 기법은 발전했다. 경제 상황이나 변화하는 환경에 따라 진화를 거듭했다. 고객의 선택 기준은 다양해지고 까다로워졌다. 하지만 급변하는 환경에서도 '인간은 감정의 동물'이란 사실은 변함이 없다. 영업인이라면 고객의 감성을 자극하는 방법도 알아야 한다. 상대방을 이해하는 감성은 피흘리며 싸웠던 전쟁도 중단시킬 만큼 강력하다.

지인 중에 보험업에 종사하시는 분이 있었다. 이분은 보험업을 시작한지 얼마 되지 않았다. 주위의 반응도 호의적이지 않고, 힘들다며 하소연했다. 난 속으로 '아직 배가 덜 고프구나.'라고 생각했다. 쉬운 영업이 어디 있으며, 고객이 반겨주는 영업이 어디 있을까. 만약 있었다면 내가 먼저 시작했을 것이다.

보험이란 상품은 인간의 미래를 담보해주는 상품이다. 보험은 '공포를 조장하는 사업'이라고 생각한다. 공포를 활용해서 감성을 자극할 수 있다. 인간은 공포를 느끼면 그 상황을 벗어나려고 한다. 지금 당장 암보험에 가입하라고 해서 계약하는 고객은 없다. 구체적인 상황을 묘사하고 공포심을 느껴야 경각심을 가진다. 공포심리를 이용한 설득은 보험뿐 아니라, 다양한 제품에도 활용할 수 있다. 공포심리를 이용해 '나와 계약해야만 공포에서 벗어날 수 있다.'라는 무언의 메시지를 전달하는 것이다.

영업인이 원하는 방향으로 고객을 설득하는 방법은 단순하다. 고객이 스스로 판단할 수 있는 환경만 제공하면 된다. 이것이 영업인이 해야 할 일이고 구매확률을 높이는 방법이다.

감성 영업은 호감을 느끼는 상품에 끌리면서 자연스럽게 이뤄진다. 고객의 마음을 자극하면서 구체적인 장면을 생각하게 만들어야 한다. 따라서 영업인은 고객에게 감성을 자극하고 구매동기를 제공하는 전달자의 역할을 해야 한다.

고객을 대할 땐 언제나 '어떻게 하면 도울 수 있을까?'라는 생각을 가져야 한다. 인간은 감정적인 존재이다. 인간은 상대의 진심을 기가 막히게 알아채는 능력이 있다. 따라서 영업인은 진심이 담긴 감성을 전달해야 한다. 감성은 자신만의 색깔이다. 특별한 영업인이 되고자 한다면 나만의 색깔을 보여주는 것이 필요하지 않을까. 나만의 색깔로 감성을 터치하고 자극하라.

CHAPTER 7

말의 품격이 곧 영업의 품격이다

품격 있는 영업은 말에서 시작된다

처음 만난 사람의 첫인상은 외모와 말투로 평가받는다. 사용하는 어휘, 말의 속도, 목소리는 상대를 평가하는 중요한 기준이다. 영업인은 말을 통해 판매하는 상품의 가치까지 평가받는 직업이다. 영업인의 잘못된 말하기 습관은 자신과 상품의 가치를 떨어뜨릴 수 있다. 고객을 만나는 직업을 가진 영업인들은 말의 품격도 중요하다. 간단한 멘트 하나로 고객의 마음을 움직이는 것은 힘들다. 하지만 영업인의 말에 품격이 묻어나면 고객은 호감을 느낀다. 품격 있는 말과 고객의 호감은 영업의 시작부터 끝까지 중요한 요소이다.

서울 강남에 관세청 산하 조직인 S공공기관이 있다. 사업을 시작한 지 얼마 되지 않은 시기에 거래를 시작했다. 짧은 기간에 상당한 금액의 계약이 이뤄졌다. 철야 작업을 할 만큼 많은 공사가 있었다. 직원들과도 친해져 스스럼없이 점심 식사도 함께하는 사이가 되었다. 담당자가 실측을 요청해 현장으로 갔다. 조금 일찍 도착해서 1층에 있는 휴게공간에서 쉬고 있었다. 그런데 아는 사람이 내게 인사했다. 내가 L사에 근무할 때 협력업체에 근무했던 K이사였다. K이사는 내가 S공공기관과 거래하는 사실을 훤히 알고 있었다. 거래 중인 고객사와의 관계를 알고 있다는 사실이 기분 나빴다. K이사는 내게 앞으로 잘해보자고 악수를 청했다. 하지만 나는 그의 악수를 거절했다. 그리고 내가 기분이 나빴던 것만큼 K이사에게 말로 갚아주고 자리를 떠났다.

얼마 후 신제품이 출시되어 S공공기관 담당자를 방문했다. 그런데 K이사가 담당자와 함께 있었다. 담당자는 내게 "여긴 왜 왔어요.?"라며 처음 보는 사람처럼 대했다. 순간 당황했지만 신제품 소개차 들렸다고 말했다. 담당자는 그런 건 필요 없으니 그냥 돌아가라고 했다. 순간 날벼락을 맞은 느낌이었다. 담당자와 K이사는 친한 사이처럼 보였다. 이 일이 있은 후 주위 사람을 통해 담당자와 K이사는 고향이 같다는 말을 들었다.

두 사람의 사실관계를 떠나 난 이미 거래처로부터 잘린 상황이었다. K이사가 협력하자고 했을 때 수락을 했으면 이런 상황까지는 오지 않았을 것이다. 거기에 상대방에게 상처를 주는 말까지 했다. 내가 한 말은 고스란히 고객사 담당자의 귀에 들어갔을 것이다. 같은 말이라도 상대를 배려하는 품위를 지켜야 했다. 영업인은 말을 해야 하는 직업이다. 고객이든, 파트너든 품위를 지키고 말을 해야 뒤탈이 없다는 걸 배웠다.

이기주 작가가 쓴 『말의 품격』이란 책에 이런 말이 있다.

"저는 어떤 사람을 볼 때 그 사람의 언행을 보고 사람됨을 평가합니다. 말과 행동 중 먼저 눈에 띄는 건 말이죠. 말에 품격이 있듯 행동에도 품격이 있습니다. 인격이란 언행으로 이루어졌으니까요."

말은 쉽게 할 수 있지만 어려운 것이라 생각한다. 고객을 대하는 영업인은 더욱 그렇다. 하지만 성공하는 영업인이 되기 위해서라면 못 할 게 뭐가 있으랴. 지금부터라도 품격 있는 말로 고객을 대하도록 노력하자.

몸이 피로할 때면 집 근처 찜질방에 자주 가는 편이다. 가격도 저렴하고 항상 깨끗하게 관리해서 이용하기가 좋다. 옥에 티라면 입점한 매점과 식당이다. 매점은 판매하기에도 문제 있는 제품들이 많았다. 난 여러 번 당해본 경험이 있어서 매점을 이용하지 않는다. 문제는 처음 방문한 고객들과는 매번 실랑이가 벌어지는 것이다. 고객은 금액을 지불하고 구입했는데, 주인은 개념을 상실한 사람처럼 오히려 큰소리를 쳤다.

"내가 고작 3,000원 벌자고 장사하는 줄 알아요! 환불은 못 해줘요."

이렇게 시작된 다툼은 주인과 고객 사이에 고성이 오가는 싸움으로 번졌다. 귀에 따갑게 들리는 음성과 총알처럼 빠른 속도로 말을 내뱉는다. 내 귀에 들어오는 말은 절반도 되지 않았다. 이런 사람은 장사할 자격이 없는 사람 아닌가. 고객은 안중에도 없고 자신만 생각하는 사람이었다.

주인의 말엔 품격이라곤 찾아볼 수 없었다. 1년 가까이 이런 상황이 계속된 것 같았다. 지금은 식당과 매점을 이용하는 고객을 찾아볼 수 없다. 주인은 어디에 갔는지 보이지도 않았다. 찜질방 계산대 앞에는 '외부음식 반입금지'라고 안내판이 붙어 있다. 하지만 매점과 식당 이용을 거부하는 손님들은 아랑곳하지 않고 준비한 음식을 가져온다.

비유는 품격 있는 말의 최고봉

즐겨 찾는 찜질방 길 건너에도 다른 찜질방이 있다. 그곳을 이용해도 되지만 원래 가던 곳에만 가게 된다. 매점 주인을 보면 영업인으로서 과거의 내 모습을 반성하는 기회가 된다.

'자영업'에서 '자'를 빼면 '영업'이 된다. 작은 매점을 운영하는 사람도 영업인이다. 영업인이 자신의 직업을 하찮게 여긴다면 그 수준을 벗어나지 못하는 것이다.

사람이 살아가면서 되돌릴 수 없는 것이 두 가지가 있다. 바로 '시간'과 '말'이다. 영업인은 한마디의 말에도 신중해야 한다. 비록 짧은 대화라도 고객을 중심으로 하고, 말에도 품격이 있어야 한다. 한 번의 만남은 첫인상으로 기억되지만 얼마든지 바뀔 수 있다. 하지만 영업인의 말로 영업인의 과거, 현재, 미래까지 유추할 수 있다. 품격은 한순간에 만들 수 없다. 품격을 가진 작은 말들이 쌓이다 보면 어느새 품격 있는 영업인의 모습이 될 것이다.

품격 있는 정치인의 말에는 故 노회찬 의원이 빠질 수 없다. 그의 위트 섞인 명언들은 품격 있는 말의 진수라 생각한다. 같은 말이라도 상대에게 비수를 꽂는 말이 아니라 적절한 비유를 들어 말했다. 그러면서도 자신이 말하고자 하는 것을 모두 표현했다. 2018 평창동계올림픽에서 스피드스케이팅 여자팀 추월경기가 논란이 된 적이 있었다. 이때도 빙상연맹의 차별대우를 재미있는 비유를 들어 비판했다. 그의 사이다 같은 발언들은 오랫동안 기억될 것 같다. 정치적 성향이 다른 사람들이 그를 비판할 수는 있만 그의 노련하고 품위가 느껴지는 표현 방식에는 박수를 보낸다. 품격 있는 표현과 말이 많은 사람들로부터 공감을 얻어내는 기술임은 분명하다.

영업인과 고객이 상담하는 마지막 과정에는 '클로징'이 있다. 개인적으로 클로징은 품격 있는 세일즈를 위한 키포인트라고 생각한다. 클로징은 고객에게 계약을 유도하는 마무리 과정에만 의미가 있는 것은 아니다. 아무리 품격 있는 말로 상담만 하면 뭘 하나. 클로징이 없으면 그동안의 과정은 무용지물이 된다.

고객에 대한 적극적인 클로징 기법은 영업의 품격을 높여주는 역할도 한다. 영업인들이 클로징을 의외로 어려워했다. 몇 번씩 상담하면서도 마무리가 안 되면 고객의 마음은 바뀌게 된다. 구매를 포기하거나 다른 영업인과 계약을 하게 되는 것이다.

클로징을 어려워하는 영업인의 방식을 보면 이유를 알 수 있다. 영업인 스스로가 클로징을 하지 않았다. 클로징을 하지 않으면서 어렵다고 하니 아이러니했다. 그들에게 클로징을 어려워하는 이유를 물었다. 그들의 답변은 이랬다. '고객에게 부담을 주는 것 같다.' '고객의 거절이 두렵다.' '고객이 비싸다는 반응을 보일 것 같다.'

그들은 고객과의 상담을 이런 식으로 마무리했다. '설명은 다 드렸고요. 결정을 기다리겠습니다.' '문의 사항이 있으시면 연락주세요.' 이외에도 고객이 요청하는 견적서만 보내고, 연락이 오기만 기다리는 경우 등 다양한 유형으로 나타났다.

클로징을 어려워하는 이유는 영업인 스스로가 상품이나 제안에 대한 확신이 부족하기 때문이다. 이럴 경우 고객의 저항을 극복하는 것은 불가능하다. 그뿐만 아니라 고객의 갈등 또한 해결할 수 없다. 클로징은 영업인을 위한 것이 아니다. 고객을 위한 것으로 생각해야 한다. 클로징을 위해서는 영업인 자신과 상품에 대한 전폭적인 신뢰가 있어야 한다. 세련된 클로징은 영업인의 말에 품격을 높여주고, 고객을 만족시킬것이다.

내가 한 말은 결국 내게 영향을 미친다. 긍정적인 말을 해야 긍정적인 결과가 나오는 것처럼, 품격 있는 말을 해야 품격 있는 영업인이 된다. 프로 영업인은 고객을 집중시키는 기술자와 같다. 흥미로운 일화, 비유, 사례를 적절히 활용하면 고객의 집중도를 높일 수 있다. 더불어 품격 있는 영업인의 모습으로 비칠 것이다.

영업인은 내일도 팔기 위해 출근해야 하는 사람들이다. 부지런히 연습하자. 어려운 말이 품격 있는 말은 아니다. 재미있고 이해하기 쉬운 말에서 품격을 느낀다. 말의 품격이 영업의 품격이란 사실을 잊지 말자.

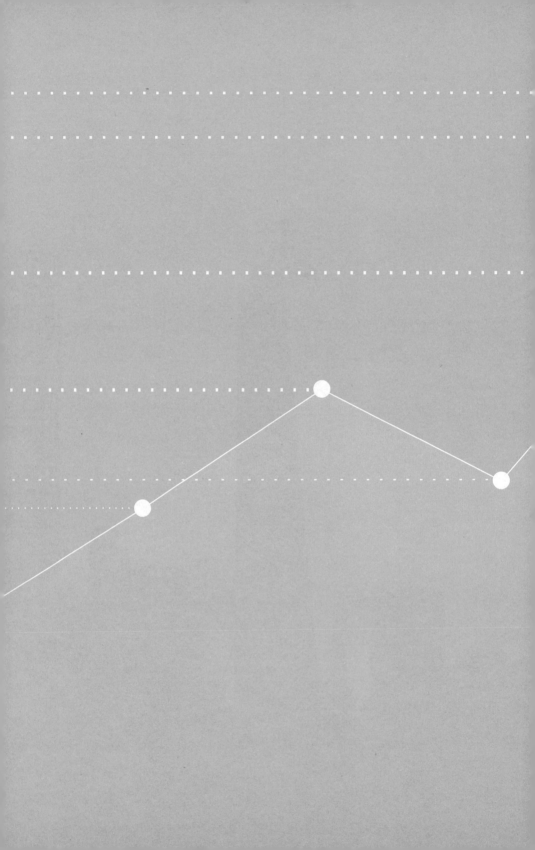

PART 3

고객을 아는 영업 :
사람을 매료시키는 법

CHAPTER 1

열 번 찌르면 결국 넘어간다

무에서 유를 창조하라

2016년도부터 준비하던 K현장에서 있었던 일이다. K현장은 많은 영업인이 담당자를 만나기 위해 노력했다. 이후 2017년, 2018년 초로 완공 일정이 몇 차례 연기되면서 담당자도 바뀌었다. 나는 완공이 늦춰지든 담당자가 바뀌든 꾸준히 인사를 하고 소개했다.

계속 연기되는 공사 일정으로 담당자들의 고민도 많았을 것이다. 방문할 때마다 "공사 일정에 차질이 생겨 힘드시죠. 힘내세요. 또 뵙겠습니다. 감사합니다."라고 인사했다. 반복되는 일정 연기로 현장에 대한 경쟁사들의 관심은 식었다. 결국 끝까지 남은 업체는 당사밖에 없었다.

방문할 때마다 반응이 시원찮았던 담당자가 밝은 목소리로 전화가 왔다. "이 실장님. 내일 오전에 미팅 가능할까요?" 결국, 단독 수주를 하는 기쁨을 가졌다.

영업인들은 고객을 방문할 때 거절에 대한 부담을 느낀다. 담당자도 내가 방문할 때마다 시큰둥한 반응이었다. 당시 담당자 업무의 우선순위는 공사 일정을 최대한 단축하는 것이 목표였을 것이다. 만약 내가 갈 때마다 제품 소개나 회사 소개를 했다면 어떻게 되었을까. 아마도 다른 경쟁사 영업인들과 똑같이 불편한 영업인으로 생각했을 것이다.

영업인들이 만나는 고객도 사람이다. 고객의 상황을 이해하고 그들의 환경과 상황을 함께 고려해야 한다. 일반적으로 영업인에 대한 시각은 자기 말만 하는 사람, 팔고 나면 끝이라는 인식이 강하다. 고객이 느끼는 현상은 영업인들이 만든 것이다. 우리가 제대로 하면 고객 앞에 머리 숙이고 굽신거리는 행동은 하지 않아도 된다. 지금부터라도 우리가 바꿔야 한다.

건축자재 업계에 있을 때의 일이다. 회사에서는 유럽지역에서 수입하는 품목들이 많았다. 수입 기와, 지붕 창 외 많은 품목이 있었다. 수입 기와, 지붕 창은 리조트, 타운하우스, 전원주택 등 이국적인 분위기를 연출하는 데 최고의 자재였다. 국내에는 이미 타사의 브랜드를 먼저 수입·유통을 하는 업체들이 많았다. 당시 회사는 대리점에 자재를 공급하는 유통 영업만 했다. 당사의 대리점들은 이미 먼저 수입한 업체들과 거래 중이었다. 거래처 대표들은 기존 공급사와의 관계로 모두 계약을 꺼렸다. 하지만 새로 수입된 자재들은 어떻게 해서든 유통망 확장을 해야만 했다.

나는 회사에서 수입하는 자재 수요가 예상되는 전국 현장들을 다녔다. 기존 수입제품들과의 차별성, 현장에서 요구하는 시공 관련 데이터들을 모두 제공했다. 수주한 현장들은 대리점에서 당사의 자재만을 공급하도록 진행했다. 대리점의 입장에서는 그야말로 누워서 떡 먹기였다. 가만히 있으면 본사 직원이 오더를 가져다주니 엄청난 혜택이었던 셈이다. 현장들이 점점 많아지자 대리점에서 나를 보는 시각이 달라졌다. 여러 대리점에 현장 오더들을 넘겨주었다. 수주한 모든 현장에는 당사의 자재로 공급했고 유통망은 빠르게 확장될 수 있었다.

영업을 하다 보면 예상치 못한 문제에 부딪히는 경우가 많다. 대부분은 해결해야 다음 단계로 넘어갈 수 있다. 이런 경우에 나만의 해결방법을 찾아야 했다. '나의 방식을 좀 더 발전시킬 수 없을까? 발전하는 방법은 무엇일까? 왜 이런 문제가 생겼을까? 어떤 방법으로 해결할 것인가?' 지금도 나에게 수많은 질문을 던지고 있다. 그리고 대답한다. 나에게 던진 질문에 대답하면 해결 방법을 찾을 수 있었다. 고객을 이해하는 능력이 생길수록 정확한 판단력도 생긴다. 이런 능력은 한 번에 넘어갈지, 열 번에도 넘어가지 않을지를 먼저 예상할 수 있다.

초심을 잃지 마라

영업 분야에서 경력이 쌓일수록 나의 고유한 가치가 필요했다. 고객에게 특별한 존재로 기억되기 위해서 내가 특별해져야 했다. 열 번을 찍어도 지치지 않기 위해선 자신과의 약속이 필요했다.

나는 보다 특별한 영업인이 되기 위해 '나와의 약속'을 항상 가슴에 품고 다닌다.

나와의 약속

- 뜨거운 열정을 지속한다.
- 고객에게 나의 열정을 전파한다.
- 고객과 함께 성장한다.
- 약속은 반드시 지킨다.
- 평생 배우는 자세를 유지한다.
- 나의 경험과 노하우를 필요로 하는 사람들에게 도움을 준다.
- 언제나 당당한 영업인이 된다.

나는 '나와의 약속'을 다짐하며 지금도 성장 중이다. 그리고 더 많은 가치를 고객에게 전달할 것이다. 자신과의 약속을 매일 다짐하라. 그러면 딴생각을 하지 않고 열 번 찍을 힘도 생긴다.

열 번을 찍기 전에 넘어가는지 먼저 알아채는 능력을 갖춰야 한다. 이것은 많은 경험이 있어야만 가능하다. 그리고 나만의 '촉'이 발달해야 알 수 있다. 촉이란 이론과 충분한 경험이 있어야 보인다. 그래야 불필요한 낭비를 줄일 수 있다. 이유는 영업인에게 시간은 곧 돈이기 때문이다. 열 번을 찍어도 끄떡없으면 애초부터 나와 맞지 않는 사람이라 생각하자. 실망해봤자 달라지는 건 없다. 남녀가 만나 궁합을 보는 이유와 같은 것이 아닐까. 모든 사람의 궁합이 잘 어울릴 수는 없는 것이다. 어차피 모든 고객과의 만남은 불가능하다. 당신과 맞는 고객에게 집중하고 진심을 다하며 지내는 것이 낫다.

시대가 변했다. 이제는 열 번을 방문해도 거절하는 시대다. 사람마다 끌리는 매력은 따로 있다. 당신에게 매력을 느끼는 사람, 거부하는 사람. 고객들도 다양하다. 모든 대상을 고객으로 만들겠다는 욕심은 버리자. 과도한 욕심은 오히려 자신에게 상처 주는 일이다. 당신을 싫어하는 고객도 있고, 좋아하는 고객도 있다. 고객을 이해하면 상처받는 일은 없다.

앤서니 라빈스의 『네 안에 잠든 거인을 깨워라』에 멋진 글이 있다.

"끈질긴 집념이 천부적인 재능을 능가할 수 있다. 사람들은 실패할까 봐 두려워서 목표에 도전조차 하지 않는다. 더 심한 건 목표에 도전했다가 빨리 포기하는 것이다. 그들은 스스로 원하는 것을 향해 제 길로 들어섰으면서도 인내심을 발휘하지 못한다. 결과가 바로 나타나지 않는다고 빨리 포기해버린다. 간절히 원하는 결과를 이루어낸 사람들이 가진 가장 중요한 기술은 믿을 수 없는 끈기이다. 그들은 필요하다면 접근 방법을 바꾼다. 하지만, 궁극적으로 원하는 비전은 절대 놓치지 않는다."

영업인 모두 초기 의욕은 대단하다. 그러나 개척 영업을 통해 거절과 실패를 경험하며 포기한다. 자신도 모르게 책상에 앉아 상담 전화만 기다리는 신세로 전락한다.

개척 영업은 그야말로 세일즈의 꽃이다. 세일즈의 출발점이다. 출발선에서 포기하면 결승선에 도달하는 것은 불가능하다. 초기의 열정을 그대로 가진 영업인, 포기하지 않고 계속 도전하는 영업인만이 개척 영업의 승리자가 된다.

목표에 도전하는 과정에서 많은 시련에 부딪히게 된다. 시련을 겪는다는 건 잘살고 있다는 뜻이고, 시련을 극복하면서 내가 원하는 목표에 점점 가까워진다. 시련쯤은 행복한 마음으로 받아들이자. 성공으로 가는 여정에서 만나는 시련은 지나갈 때 만나는 골목길에 불과하다.

1%의 가능성이라도 보이는가. 그렇다면 끝까지 도전하라. 끝을 볼 때까지 덤벼라. 실패해도 성공해도 모두 나의 재산이다.

CHAPTER 2

금액보다 높은 가치를 제공하라

가치는 최고의 선물이다

온라인 채널이 발달하더라도 고객이 제공받지 못하는 것은 무엇일까? 그것은 바로 '가치'다. 온라인 제품들을 보면 상품 설명과 특징들로 가득하다. 구매하는 상품의 단가가 낮으면 온라인 정보만으로 쉽게 구매하기도 한다. 다양한 정보들이 편안함을 제공해주지만 부작용도 발생한다. 지금은 정보의 홍수 시대다. 상품을 선택하는 데 선택에 방해를 받는 수준이 되었다. 그리고 사람이 줄 수 있는 무형의 서비스를 받지 못하게 됐다.

만약 가격이 고가라면 어떨까? 직접 보고 확인하고 싶을 것이다. 고가의 상품일수록 흔한 것, 누구나 사용하는 것에는 흥미가 없어진다. 고객은 제품 구매 후 돋보이길 원하고, 자신이 구매한 것에 정당성을 부여한다. 이러한 심리적 요인들이 상품을 구매하는 고객의 마음이다.

고객을 돋보이게 하는 가치를 제공하는 것, 구매의 명분을 확인시켜주는 것은 사람만이 할 수 있는 일이다.

구매를 결정하기 위한 기본 조건이 있다. 자신에게 도움이 되어야 하고 목적과 이익이 있어야 한다. 영업인은 고객마다 다양한 구매 결정 요인들을 분석해야 한다. 구매 결정 요인과 함께 가치를 제안하면 효과는 배가된다.

"실장님. 제출하신 견적 금액에서 어느 정도 할인이 가능할까요?"

"네. 최대한 노력해보겠습니다. 검토 후에 회신드릴게요. 괜찮으시죠?"

고객이 할인을 요구할 때는 원칙이 있다. 그 자리에서 가능한 할인 여부를 대답하지 않는다. 사무실에 와서 여러 가지 검토를 한다. 고객에게 제공 가능한 할인 폭은 이미 정해져 있다. 하지만 섣부른 할인은 고객에게 제공할 서비스가 제한될 수 있다. 할인 요청을 쉽게 수용하면 고객에게 자칫 오해를 줄 수도 있다. 구매 후에도 추가 할인을 당연하게 생각하기 때문이다.

고객의 입장에서는 할인 폭이 커질수록 만족할 것이다. 구매 결정단계에서 잠시 기분은 좋을 수 있다. 그동안의 경험과 검증된 자료들을 봐도 가격에 대한 만족은 오래 기억되지 않았다.

유통업계에서 활동하는 영업인은 치열한 가격경쟁으로 피곤한 경험이 많을 것이다. 고객이 과도한 할인과 서비스를 요구할 때가 있다. 그런 경우 난 정중히 인사를 드리고 상담 현장을 떠난다. 그리고 약속된 다음 고객을 만난다. 지키지 못할 약속은 하고 싶지 않기 때문이다.

순간의 이익을 위해 내가 판매하는 제품의 가치와 서비스를 떨어뜨릴 수는 없다. 과도한 할인을 쉽게 수용하게 되면 상품은 물론 자신의 가치도 함께 떨어지는 것이다.

동종업계 영업인들을 만나면 자주 오가는 주제가 있다. "제일 무서운 경쟁업체는 같은 브랜드 대리점이야." 나도 한때 이 말에 공감했다. 똑같은 경험이 많았기 때문이다.

고객은 특정 브랜드를 취급하는 여러 대리점의 견적서를 받아본다. 이럴 때 대리점 입장에서는 가격경쟁에 집중할 수밖에 없다. 같은 브랜드, 같은 품목이라면 대리점들의 고민은 더할 것이다. 이제 저렴한 가격만으로는 생존할 수 없다. 수주하면 매출목표는 달성할 수 있다. 그렇지만 수익은 여전히 형편없는 수준을 벗어나지 못한다. 열심히 일하고 노력했는데 결국 남는 것도 없다. 세금만 열심히 내게 되는 것이다.

고수와 하수의 실력 차이는 여기서부터 시작된다. 모두가 가격에 집중할 때 우리는 가치제공에 집중해야 한다. 나만이 할 수 있는 것. 우리 회사만이 할 수 있는 것. 무형의 가치를 만들어 제공해야 한다. 가격은 따라갈 수 있지만, 가치는 결코 따라갈 수 없다.

상품의 가치와 나만의 가치를 발굴하는 데 많은 시간을 투자하는 편이다. 그 결과 나는 고객에게 제공할 수 있는 특별한 가치를 만들 수 있었다. 가격보다 더 매력적인 가치를 만든 것이다. 그래서 가격경쟁 따위는 신경 쓰지 않는다. 하지만 고객은 내가 제공하는 가치보다 가격을 선택할 수도 있다. 이런 경우 다른 현장에 집중한다. 가치를 버리고 가격에만 집중한다면 결과는 이미 정해져 있다. 고객에게 가치를 제공하지 못한 이유로 수익 면에서 힘든 상황만 반복됐다.

의미 없는 가격경쟁에서 벗어나야 한다. 평범한 영업인의 사고방식을 버려야 한다. 고수는 고객을 위한 가치를 만드는 것에 노력해야 한다. 영업 고수가 되려면 가격보다 가치를 전달하는 영업인이 되어야 한다. 그러면 고객과 영업인 모두 만족할 것이다.

영업인의 수준은 가치로 결정된다

스탠퍼드 대학의 마케팅 교수인 이타마르 시몬스의 말이다.

"이제 소비자들은 마케터들이 제시하는 '상대가치'가 아닌 '절대가치'에 의존해 상품을 선택한다. SNS의 발달로 소비자들이 점점 더 많은 정보를 쉽게 얻고 공유할 수 있게 되었다. 소비자의 영향력이 높아지면서 소비자 중심의 커머스가 결국 소비자들의 선택을 받을 것이다."

예전에는 소비자들이 광고를 보고 제품을 선택했다. 기업들도 스타들을 출연시켜 광고에 온 힘을 쏟았다. TV 광고의 힘은 예전 같지 않다. 요즘 고객은 실사용자의 리뷰, 사용자 평가점수 등을 참고해 구매를 결정한다. 이제는 먼저 사용한 고객들의 경험이 구매를 결정하는 중요한 판단 기준이 되었다. 따라서 영업인들도 상품의 절대가치를 전달하는 것에 집중해야 한다.

과거의 고객들은 다른 사람과 비교하고 과시하는 심리가 강했다. 기업들도 고객의 이러한 심리를 이용해 마케팅했다. 마케팅 전문가들은 하나같이 가치의 중요성을 강조한다. 그리고 고객은 상품에 가치를 부여한 것을 선택한다. 따라서 영업인의 세일즈 포인트도 변화가 필요하다.

박카스는 '활력', 초코파이는 '정', 산수유는 '남자에게 좋은 것' 같은 광고를 보면 떠오르는 단어와 이미지를 연상한다. 상품의 본질과는 전혀 상관없는 것들이 가치가 되는 것이다.

이제 영업인이 해야 할 일은 같은 상품에 다양한 가치들을 추가하는 것이다. 다양한 가치에는 경험도 포함된다. 영업인은 상품이 고객에게 어떤 경험을 줄 수 있는지 고민해야 한다. 판매하는 상품을 고객이 미리 경험할 수 있다면 더 나은 결과를 만들 수 있다. 상품에 대한 신뢰도 역시 높아진다.

상품에 가치를 더하는 것은 중요하다. 하지만 가치를 만드는 과정은 신중해야 한다. 고객이 스스로 지갑을 열게 만드는 수준의 가치가 있어야 한다. 그래야 진정한 가치로서 인정받을 수 있다.

상품의 가치와 함께 영업인의 가치도 있어야 한다. 자신이 먼저 가치 있는 영업인이란 마음이 필요하다. 고객에게 돋보이는 영업이 되자. 자신만의 가치를 지금부터 찾아보자.

직장에서 월급을 받는 영업인이라도 1인 기업가의 정신으로 일해야 한다. 영업인은 회사를 대표하는 광고판과 같은 존재다. 영업인에게 특별한 가치는 생명과도 같다. 자신만의 가치가 없으면 그저 평범한 영업인일 뿐이다. 누구도 흉내 낼 수 없는 나만의 가치를 만들어야 한다. 특별한 영업인이 되고 싶다면 나만의 특별한 가치를 만들어라. 차별화된 가치를 제공하는 영업인이 성공한다. 고객의 기억에 남는 영업인이 성공한다.

CHAPTER 3

고객을 스타로 만들어라

자부심은 고객을 춤추게 한다

모두가 좋아하는 제품은 많지만 모두가 열광하는 제품은 드물다. '자부심'. 이것은 고객을 열광하게 만드는 제품들의 공통점이다. 제품을 구매했을 때, 자부심도 함께 제공하는 것도 중요하다. 자부심을 제공하는 건 제품뿐 아니라 영업인도 가능하다. 영업인이 자부심을 선사한다는 상상을 해보자. 고객 입장에서도 멋진 일이 아닐까? 자부심을 느낀 고객은 재구매는 물론, 충성고객으로 전환될 가능성 또한 높아진다.

고객 개인이 자부심을 느낀다는 건 대부분 제한된 가격과 상품에 한정되어 있다. 명품가방, 최고급 아파트, 자동차 등을 예로 들 수 있겠다. 이 것은 개인적으로 만족감을 느끼게 하는 제품들이다. 개인 고객에게 자부심을 제공하는 방법은 여러 가지가 있다.

하지만 기업 고객이 사무 가구에 자부심을 느끼는 경우는 거의 없을 것이다. 그렇다면 기업 고객은 어떻게 해야 할까. B2B, G2B 시장에서는 고객이 자부심을 느낀다는 것 자체가 불가능한 일이란 생각이 들었다. 집단구매가 이뤄지는 경우가 대부분인데 개인마다 생각과 만족감이 다르기 때문이다. 난 판매 후 적당히 사후관리만 하는 영업인으로는 기억되기 싫었다. 기업 고객에게도 만족감 이상의 가치를 제공할 방법을 고민했다. 기업 고객들에게도 제품과 서비스에 자부심을 갖게 하고 싶었다.

2014년 초 늦겨울에 친구로부터 연락을 받았다. 연구개발 부서에 있다가 구매 부서 파트장으로 발령을 받았다고 했다. 그 친구는 내게 조심스럽게 부탁했다. 현재 거래 중인 가구업체가 있는데 공급가격이 적정한지를 검토해달라는 것이다. 기존 업체를 변경하는 것은 불확실하다고 했다. 그러니 당사가 수주할 것이란 기대는 하지 말라고도 했다. 우선 메일로 자료를 보내라고 하고 몇 시간 뒤 자료를 받았다. 파일을 열어보자마자 깜짝 놀랐다. 검토하는 시간만 하루 이상이 걸리는 많은 양이었다. 그 정도의 데이터를 검토하려면 당사 업무의 일부분은 뒤로 미뤄야 했다. 친구의 부탁이라 거절할 수도 없었다. 친구는 새로운 자리로 발령을 받은 상태였다. 그래서 회사에 빨리 보일 수 있는 업무 성과가 필요했던 것으로 보였다. 요청한 자료들을 검토하기 시작했다. 품목별 단가 확인 과정이 필요해 협력사들에 일일이 전화했다. 검토를 시작하고 다음 날 아침에 완성된 자료를 확인했다.

현재 업체에서 공급하는 가격이 과도한 이윤을 취하는 수준이었다. 민감한 사항이라 검토 결과를 상세하게 전달하는 것이 망설여졌다. 잘못하면 친구의 전임자가 오해를 살 수 있어 많은 고민을 했다. 전화상으로 말하기는 힘든 내용이라 친구와 직접 만나서 이야기했다.

"지금 거래 중인 업체 있잖아. 계약된 단가에서 20%는 더 할인해도 되는 금액이야."

친구에겐 간단한 정보만 전달할 수밖에 없었다. 얼마 뒤 친구로부터 자기 회사로 오라는 연락을 받았다. 당사와 거래를 시작하자고 했다. 영업인으로선 수주한다는 것은 좋은 일이다. 하지만 그땐 유쾌한 기분은 아니었다.

결국, 공급업체는 당사로 변경되었고, 거래를 시작했다. 친구를 주인공으로 만들어주고 싶었다. 구매 담당자의 가장 중요한 업무는 비용대비 효과를 극대화하는 것이다. 친구가 회사에서 인정받는 모습을 보고 싶었다. 그래서 기존 가격보다 30% 정도 낮추고 품질은 더 좋은 제품으로 공급했다. 나의 바람대로 친구는 회사에서 인정받으며 승승장구했다. 친구의 모습을 보니 나도 기뻤다.

친구와의 인연으로 시작된 거래로 기업 고객의 전체 직원들을 만족시킨다는 건 힘들었다. 그래서 구매 담당자 또는 팀 리더가 자부심을 느낄 수 있도록 전략을 짜야 했다. 난 친구인 구매 담당자 앞에선 의식적으로 조금 큰 소리로 말하기 시작했다. 이유는 작은 목소리로 말하면 주변 직원들은 비밀스러운 대화로 오해하기에 십상이다. 중요한 이유는 구매 담당자의 공로를 세워주고 주변으로 확산시키고 싶었다. 사람은 누구나 자기 잘난 맛에 살아간다. 인정받고 격려받고 싶지만, 조직 내에서는 칭찬이 어색하다. 같은 조직에 있더라도 동료의 고충과 성과를 모르는 경우도 많았다. 이것을 영업인이 대신하는 것이다. 자신이 자랑하고 싶었던 말을 영업인이 대신해주니 얼마나 고마운 일이겠는가. 당신도 제대로 영업했다면 구매 담당자의 고충을 누구보다 잘 알고 있을 것이다.

고가의 제품만 자부심을 제공하는 건 아니다. 안경브랜드 '와비파커'의 제품들의 가격은 저가지만, 브랜드는 고객의 자부심이 되었다. 저가이지만 싸구려 취급을 받는 제품이 아니다. 연예인들도 와비파커를 사용하며 유명세가 더 해졌다.

영업인이 판매하는 제품이 저가 상품이라고 가치 없는 것이 아니다. 영업인은 판매하는 제품을 전적으로 신뢰하고, 가치를 더해야 한다. 이런 행동이 고객에게 자부심을 제공하는 제품으로 탈바꿈시킬 수 있다.

자부심에 감동하다

2018년도에 단발성 이벤트 판매를 한 적이 있었다. 개인 고객을 타깃으로 한 이벤트였다. 대상 품목은 식기 세트와 청소기로 구성했다. 단 8개 품목으로 이벤트를 기획했다. 가격대는 2만-12만 원으로 구성했다. 10만 원이 넘는 상품은 구색 상품으로 만들었고, 타깃 상품은 2만-7만 원의 상품이었다. 거래처마다 소개하고 공공기관 직원 복지몰에도 올렸다.

단가는 낮은 수준이었지만 시장성을 검토하는 차원에서 일단 실행했다. 품목별, 가격대별로 주문 고객의 특성을 알고 싶었다. 그래서 모든 주문은 전화로만 주문받았다.

식기류 세트는 신혼부부, 동호회 모임, 1인 가구를 중심으로 주문이 들어왔다. 배송 전에는 전화로 확인된 고객 특성을 확인하고 그에 맞는 카드를 한 장씩 넣어서 보냈다. 식기류 세트를 주문한 1인 가구의 경우 함께 보낸 카드의 내용이다.

"안녕하세요. 식기를 주문해주셔서 진심으로 감사합니다. 이 식기는 애인이 생기시면 함께 드시라고 커플 세트로 생산된 제품이랍니다. 혼자 계신다고 식사 거르지 마시고 꼭 챙겨드세요. 감사합니다. 아, 배송 중에 파손된 식기가 있으면 사진 찍으셔서 보내주세요. 교환해드릴게요. 당연히 무상입니다."

이처럼 고객의 특성에 맞게 카드 내용은 달리해서 발송했다. 제품과 카드를 받은 고객들의 감사문자가 빗발쳤다. 카드 한 장에 감동하여 추가 주문한 고객들도 많았다. 솔직히 이런 반응은 예상하지 못했다. 더군다나 가장 많이 판매된 식기 세트는 배송비를 포함해 2만 원에 불과했다. 낮은 단가로 구성된 이벤트였지만, 판매물량이 워낙 많아 정신을 차릴 수 없을 정도였다. 저렴한 제품을 구매하고도 고객이 감동한다는 사실에 놀랐다.

고객은 영업인의 작은 관심에도 감동하는 것처럼 보였다. 모든 고객은 주인공이 되고 싶어 한다. 그리고 자신의 선택이 옳았다는 것을 증명하고 싶어 한다. 낮은 가격의 제품이라도 스토리를 입히면 가치가 올라간다. 2만 원짜리 저렴한 식기 세트를 구매하면서 카드를 받는다고 생각한 사람은 없었을 것이다. 카드 한 장의 가격은 얼마 하지도 않았다. 다만 고객이 지불한 가격과 예상을 뛰어넘는 가치를 선물했다. 고객의 선택이 옳았다는 것을 보여줬다. 사소한 카드 하나로 고객이 주인공이란 느낌이 들도록 만들었다.

영업인은 고객을 생각하는 관점을 바꾸면 답을 의외로 쉽게 찾을 수 있다. 영업인의 기준에만 초점을 맞춘다면 단순한 판매원일 뿐이다. '내가 고객이라면 어떻게 생각할까?'의 질문에 대한 답을 고민해야 한다.

　모든 고객을 주인공으로 만들어보자. 고객이 주인공이다. 영업의 결과는 고객이 만들어준 것이다. 우리의 성과는 고객에게 돌리자. 땀 흘렸던 소중한 과정들은 우리 각자의 마음속에만 간직하자. 우리는 묵묵히 고객을 주인공으로 만드는 역할이면 충분하다.

고객의 입장에서 이해하라

복잡한 건 싫다

원고를 쓰는 오늘 기분 좋은 경험을 했다. 오늘은 책 쓰기 수업이 있는 날이다. 요즘은 늦은 새벽까지 원고를 쓰고 있다. 다음 날 운전하는 게 부담이 된다. 그래서 대중교통을 이용한다. 집 앞 정류장에서 버스를 탔다. 기사님이 "안녕하세요."라며 큰 소리로 인사를 건넸다. 아침부터 기분이 좋았다. 정류장마다 승객들에게 인사를 건넸다. 내가 내릴 정류장에 도착했다. 다른 승객들과 하차할 때도 기사님이 인사했다. "오늘도 행복하시고 즐거운 하루 되세요." 내릴 땐 나도 기사님께 감사를 표시했다. 매일 운전을 하면서 승객들에게 인사하는 건 쉬운 일은 아니다. 자신의 직업을 통해 승객에게 기쁨을 준다는 건 행복한 일이다. 기사님이 운전하시는 버스를 다시 한 번 이용하고 싶다. 고객을 배려하는 한마디로 승객들의 마음이 열렸다. 오늘 만난 기사님은 영업을 하셔도 잘하실 것 같다.

고객들은 많은 영업인과 만난다. '한 번에 잊히는 영업인이 될 것인가, 기억에 남는 영업인이 될 것인가.'는 전적으로 영업인의 태도에 달려 있다. 고객은 말만 잘하는 영업인을 원하지 않는다. 고객이 영업인의 진심을 느끼지 못했다면 실패한 영업이다. 영업인에 대한 이미지는 말을 잘하는 사람으로 인식된다. 하지만 실제는 그렇지 않다. 프로 영업인 중 말솜씨가 떨어지는 이들도 많다. 이들은 고객에게 진심을 전달하는 능력이 탁월하다. 말을 지나치게 잘하면 고객은 오히려 경계하고 의심한다. 그래서 영업인은 말의 템포와 강약을 조절할 줄도 알아야 한다.

나를 상대로 영업을 하는 분들도 많다. 다양한 제조업체와 유통업체 등 많은 영업인과 업무상 만남이 있다. 그런데 이들은 약속이나 한 듯 10명 중 9명 정도는 제품 소개, 회사 소개만 한다. 어차피 비슷한 제품들이다. 영업인이 했던 말들은 몇 분만 지나면 기억에서 사라진다. 솔직히 나를 왜 찾아왔는지 이해되지 않을 때가 많다. 단순한 영업 대상이 된다는 건 나도 거북하다. 영업인은 어떤 방식으로 고객을 설득할 것인지 준비를 하고 만나야 한다. 자신의 제품을 왜 선택해야 하는지 설득해야 한다. 영업인은 앵무새처럼 설명만 하는 사람이 아니다. 상품과 함께 임팩트 있는 가치를 전달해야 고객이 기억한다.

우리에겐 정보들이 넘쳐난다. 원하는 정보는 언제 어디서든 원하는 만큼 얻을 수 있다. 그런데 여기에 문제가 있다. 수없이 노출되는 정보 중에서 거짓, 과대포장, 원하지 않는 정보들도 숨어 있다. 따라서 영업인은 고객이 원하는 정보를 전달해주는 역할을 동시에 해야 한다. 고객이 선택할 수 있는 폭을 좁혀야 한다.

나는 고객에게 많은 정보를 전달하려 노력했다. 제안서도 보통 타입별 3개 이상을 준비했다. 화려한 제안서를 보면 고객들이 좋아할 줄 알았다.

"대리님, 다양한 검토를 위해 제안서를 3개 타입으로 준비했습니다."

"네. 실장님, 감사합니다. 검토 후 연락드릴게요." 며칠 뒤 고객사로부터 전화가 왔다.

"실장님. 제출하신 제안서 중에 가장 좋은 타입이 어떤 거죠? 전부 검토하기에 자료가 너무 많아서요."

고객을 위해 만들었던 제안서가 오히려 고객을 혼란스럽게 했다. 한 개의 이슈에 불필요한 정보가 많아 역효과가 발생한 것이다. 제안서를 검토하는 시간으로 최종 결정도 늦어지게 됐다. 이후에는 방법을 바꿨다. 1개의 제안서로 압축했다. 미팅 후 수정 사항이 있으면 수정 제안서를 제출하는 방식으로 변경했다. 방법을 바꾸니 시간이 단축되었다. 고객도 쉽게 이해했다.

고객은 바쁘다. 따라서 고객에겐 필요 이상의 데이터는 의미가 없다. 주력 상품에 집중해서 제안하는 것이 필요하다. 선택지가 많을수록 고객과 영업인 모두 힘들어진다. 고객은 영업인이 생각하는 것 이상의 정보를 가지고 있다. 궁금하지 않은 내용을 설명해봤자 고객의 머리만 복잡해질 뿐이다. 우리가 제시한 상품의 구매가 올바른 선택이란 확신만 심어주면 되는 것이다.

고객만 생각하라

'경영의 신'이라 불리는 마쓰시다 고노스케의 『사업의 마음가짐』이란 책이 있다. 고객에 대한 그의 철학을 소개한다.

"사업을 할 때 중요한 점은 여러 가지가 있다. 그 가운데 가장 중요한 것은 손님의 만족 여부다. 지금 운영하는 자신의 가게가 단골손님에게 과연 얼마나 도움을 주는지, 단골손님이 얼마나 기뻐하고 고마워하는지 여러 가지 각도에서 끊임없이 검토해야 한다. 가게를 그만두었을 때 단골손님이 '괜찮은 가게였는데 문을 닫았다니 아쉽네.'라며 안타까워할지, '어,

가게 하나 없어졌네.'하고 잊어버릴지를 생각해보면 답은 금방 나온다. 당신은 단골손님이 '없어지니 아쉽다.'라는 생각을 할 정도로 바르게 사업 하고 있는가? 혹은 그런 반성이라도 해본 적이 있는가?

이런 식의 반성과 검토를 거듭하면 '내 사업 방식은 손님에 대한 배려가 부족해. 단골손님에게 이런 서비스도 해야겠어.'라고 생각되는 부분이 여 기저기 나타난다."

마쓰시다 고노스케의 글에서 '사업'을 '영업'으로, '손님 또는 단골손님' 을 '고객'으로, '가게'를 '영업 또는 영업사원'으로 단어를 바꿔서 다시 읽어 보기 바란다. 영업인을 위한 훌륭한 문장으로 바뀔 것이다.

인간관계는 역지사지의 자세로 시작하면 문제가 없다. 내가 먼저 상대 를 존중하고 배려하는 마음이 상대를 움직이게 하는 것이다. 영업은 하면 할수록 매력을 느끼는 직업이다. 모든 걸 알았다고 느낄 때 고객은 다른 것을 가르쳐준다. 난 여전히 고객으로부터 배운다.

영업인이 고객을 대할 때 가장 필요한 것은 '주인의식'이다. 영업의 모 든 것은 주인의식으로부터 출발한다. 주인의식이 있어야 동기부여가 된 다. 타인으로부터 주입되는 동기부여는 짧은 시간에 힘을 잃어버린다.

주인의식이 없는 사람들이 "나는 할 수 있다. 해보자!" 수백 번을 외쳐 도 소용없다. 나의 진심은 내가 가장 잘 알고 있으니까 말이다.

영업인에게 동기부여란 사람의 심장과 같다. 회사조직 중 영업 부서는 주인의식을 가진 사람들의 집단이어야 한다. 주인의식을 가진 영업인만이 고객을 이해한다. 자신이 주인이라면 어느 고객에게도 소홀히 할 수 없기 때문이다.

주인의식은 자기 일에 전적으로 책임을 진다는 것이다. 회피나 변명은 하지 않게 된다. 주위의 질책과 비난을 두려워하지 마라. 이 길은 내가 선택한 길, 내가 가야 하는 길이다.

고객을 위해 자신만의 신념을 만들자. 눈으로 보는 것을 믿는 것이 아니라 믿기로 한 것을 보자. 고객을 위한 마음가짐은 나의 신념에 따라 행동한다. 고객을 먼저 생각하는 마음을 갖자. 일과가 끝난 후 하루를 반성하자. 고객과의 관계에서 잘못된 점은 없었는지, 실수한 점은 없었는지, 어떻게 개선할지, 꾸준한 반성을 하자. 진지한 반성을 통해 자신이 세일즈 세계에 존재하는 의미를 발견할 것이다. 그리고 성공하는 세일즈에 대한 확신으로 가득 찰 것이다.

CHAPTER 5

외래어, 고상한 표현 남발하지 마라

영업인은 고상할 필요가 없다

　전 세계 사람들이 K-POP 가수의 노래를 따라 부르는 모습은 일상이
되었다. 거리에는 외국어 간판과 학원들이 줄지어 있다. 국민이 사용하는
말에도 외국어가 없으면 의사소통이 힘들게 되었다. 하지만 불필요한 외
래어와 외국어의 남용은 원활한 대화의 걸림돌이 될 수도 있다. 다른 나
라의 언어를 토막낸 외래어와 잘못된 외국어 사용은 상대의 눈살을 찌푸
리게 한다. 비즈니스를 하면서 나도 모르게 습관적으로 사용하고 있는 것
은 아닌지 관심을 가져야겠다.

우리의 생활 속에 자리 잡은 외국어와 외래어의 차이가 궁금했다. 자료를 찾아봤다. 차이점은 다음과 같았다. 외국어, 다른 나라의 말. 외국에서 들어온 말로 아직 국어로 정착되지 않은 단어. 외래어, 외국에서 들어온 말로 국어처럼 쓰이는 단어. 다시 말하면 외래어는 일상 대화에서 하나의 단어로 자리 잡은 언어로 표현되어 있다.

아래의 글은 사무 가구 카탈로그에 실제 인쇄된 내용이다.

'치펜데일 스타일의 고전적인 분위기'
'댄디한 웜그레이와 오크의 콤비⋯젊고 트렌디한 연출'

이게 무슨 뜻일까? 사무 가구를 19년 넘게 영업하고 있는 나조차 한참 생각했다. 모르는 뜻은 사전을 뒤져 찾았다. 이걸 고객이 보라고 만들어 놓은 건지 의문이 들었다. '치펜데일'은 관련 업계에서는 사용하는 단어는 맞다. 하지만 우리가 알고 있다고 고객도 알고 있을 거란 생각은 착각이다. 말이든 언어든 상대가 읽고 들었을 때 어렵지 않아야 한다는 생각이다. 쉽고 짧은 표현이 얼마든지 가능하다. 앞으로 사소한 것도 고객의 눈높이를 맞추는 것이 필요하지 않을까.

"보시는 제품의 상판은 HPM으로 마감된 제품입니다. 의자는 럼버서포

트가, 파티션에는 랜모듈러 플레이트가 적용되었습니다."

신입 영업사원 시절에는 고객에겐 생소한 자재 용어들을 섞어가며 설명했다. 왠지 있어 보일 것 같았다. 교육받을 때 배운 내용을 고객 앞에서 자랑하고 싶은 마음이 들었다. 내 말을 들은 고객의 반응은 모두 같았다.

"네? 그게 뭐죠?"

용어를 알고 있는 고객은 한 명도 없었다. 그중에서도 성격이 착한 고객은 내 말을 적고 계신 분도 있었다. 당시의 어설펐던 지식에 고객이 감탄할 리도 없었다. 난 고객이 필요한 정보는 전달하지 않았고, 자랑 같지 않은 자랑만 늘어놓고 있었다. 당시 내 말을 듣고 있던 고객들은 얼마나 짜증이 났을까. '무식한 놈이 용감하다.'라는 말이 있다. 내게 딱 어울리는 말이었다.

나는 한동안 실수를 하고 있다는 사실조차 몰랐다. 지식이 많을수록 쉽게 설명해야 한다는 걸 뒤늦게 알았다. 영업인은 고객이 쉽게 이해할 수 있는 수준에서 말해야 한다. 제품 판매를 위해 배포하는 팸플릿, 카탈로그에 기재된 내용도 이해하기 쉽게 개선돼야 한다.

처음 직장생활을 할 때 '시방서'라는 뜻을 몰라 헤맨 적이 있다. 알고 보니 '제품설명서'로 표현해도 되는 것을 굳이 어려운 단어로 표현하고 있었다. 시방서란 단어는 여전히 관공서에서 사용하는 단어이다. 어려운 단어는 한 번 더 확인하는 번거로운 과정을 거쳐야 한다. 한자를 중심으로 만들어진 용어들은 이해하기 어렵다. 이런 현상은 법률, 행정과 연관된 기관에서 자주 볼 수 있다. 모든 것은 국민을 위해 만든 것이다. 같은 말을 어렵게 만들어 고상한 단어로 표현하는 것은 '너흰 모르니까 우리만 따라와.'라는 뜻으로 읽힐 뿐이다.

지인이 새로운 법인을 만들어 직원을 채용했다. 기업의 사무실과 팀에는 사무 가구 배치 중이었다. 팀별로 네임카드가 부착되어 있었다. 그중에 'TFT'라는 글자가 보였다. 분명히 태스크포스팀의 약자가 아닐까 해서 물었다. 아니나다를까 내 생각이 맞았다.

팀 명칭이 잘못 기재된 것 같아 확인을 해보라고 했다. 공사 종료 후 며칠 뒤에 다시 가보니 네임카드는 'TF팀'으로 교체되어 있었다. 기업들에서도 의미가 왜곡된 영어 약자를 사용하는 경우가 많다. 본래의 의미에 맞는지, 단어를 왜곡하는 것은 아닌지 충분한 검토 후에 사용하는 것이 필요하다는 생각이다. 영어 발음과 철자가 틀리는 건 부끄럽게 여기면서 잘못 사용되는 우리말을 쓰는 것엔 거리낌이 없어 보인다.

정체불명의 외래어는 서로 힘들게 한다

영업 현장에서도 알게 모르게 잘못 사용되는 외국어들이 의외로 많다. 사소한 일로 넘어갈 수 있지만, 영업인과 기업의 수준이 고스란히 드러날 수 있다. 유식하고 고상한 척 한 번 하려다가 오히려 걸림돌이 될 수도 있다. 영업 결과의 포인트는 어디서 발생할지 모른다. 따라서 익숙하다고 생각한 외래어 한마디에도 신경을 쓰는 것이 좋다. 외래어의 남발은 어울리지 않게 고상한 표현만 한다는 인상을 주게 된다. 풀어서 설명하기는 조금 어렵더라도 고객이 쉽게 이해하면 성공한 것이다.

우리 주변에서도 정체불명의 외래어들이 판을 치고 있다. 그뿐만 아니라 한글로 표현 가능한 내용을 굳이 영어로 표현한다. 외국어로 사용하면 고급스러워 보일까. 예전의 내가 그랬던 것처럼 명칭을 만든 사람도 같은 마음이라 생각한다. '그냥 있어 보이려고.' 이해하기만 어렵다. 있어 보이지도 않는데 말이다.

대화하다 보면 자신이 가진 지식과 능력 이상으로 어려운 말을 사용하는 사람이 있다. 어려운 단어를 생각하다 떠오르지 않으면 쉬운 단어를 말하면 되는데, 굳이 뜸까지 들이며 생각한다. 특히 영업인도 제대로 이해하지 못하는 난해한 말은 고객이 짐작할 수도 없게 만든다. 한마디로 지식의 밑천이 드러나게 되는 것이다. 똑똑해 보이기는커녕 고객과의 상담 과정에 역효과만 불러올 뿐이다. 때와 장소를 가리지 않는 고상한 표현은 고상함이 없다는 것과 마찬가지다.

자신이 속한 분야에서만 전문적인 단어를 사용할 때는 주의가 필요하다. 이해하지 못하는 사람에겐 '네가 알아서 이해해.'라는 뜻이나 다름없기 때문이다. 이것은 고객에게 이해를 강요하는 것이다. 모두가 전문가라면 전문가도 일반인일 뿐이다. 전문가는 일반인을 위해 존재할 때 가치가 있다.

이해하기 쉽게 말하는 것이 진짜 실력이다. 영업인은 철학자가 아니다. 고상한 말은 공감하기도 어렵다. 일반적으로 고상한 표현과 추상적 표현은 비슷한 의미로 받아들인다. 이런 표현은 글로 쓰는 것이 적당하다. 고상하고 추상적인 표현은 모양과 실체가 없다. 상담 중인 고객에게 이런 표현을 쓴다면 이해도와 집중도는 낮아진다. 사용하는 단어는 현실적이고 직관적인 단어를 사용해야 한다. 그래야 쉽게 이해할 수 있다.

한 번에 이해하기 어려운 말은 이제 버리자. 인간이란 체감하지 못하는 다가올 인구절벽보다 지금의 대출이자에 더 많은 관심이 있다. 영업인에겐 알아듣지 못하는 외래어는 필요 없다. 고상한 말도 필요 없다. 외래어를 남발한다고 자신을 고상한 영업인이라고 착각하지 말자. 어려운 단어도 쉽게 설명할 수 있는 영업인이 되자.

모든 것을 다 설명하려 하지 마라

심플함이 이긴다

같은 말을 계속해서 듣는다는 건 힘든 일이다. 어쩌면 듣는 사람은 고통스러울 수도 있을 것이다. 둘째 아들이 어렸을 때 잘못한 일이 있으면 앉혀서 혼을 내곤 했다. 몇 번은 반성하는 것처럼 보였지만 혼내는 횟수가 많아지니 꾸중을 해도 먹히지 않았다. 언제부턴가는 앉아서 꾸벅꾸벅 졸고 있었다. 그런 아들의 모습은 사랑스러웠다. 하지만 아들은 힘이 들었을 것이다. 매번 똑같은 말만 하는 아빠의 모습이 지겨웠을 테니 말이다.

고객들을 대상으로 첫 프레젠테이션을 할 때의 기억이 아직도 생생하다. 중요한 현장인 만큼 열심히 준비했다. 업체별로 주어진 발표시간은 15분이었고, 참가업체는 4개사였다. 나는 3번째 발표자로 나섰다. 먼저 발표한 2개사 모두 주어진 시간을 초과했다. 경쟁사 발표 모습을 청중들 뒤에서 듣고 있었다. 제품 설명도 잘하고 프레젠터의 자세도 본받을 점이 많았다.

5개 업체가 모두 발표하려면 1시간이 소요된다. 업체별로 준비된 자료들은 거의 비슷했다. 고객의 입장에서 비슷한 내용에 대해 1시간 동안 설명을 듣는다는 건 힘든 일이다.

떨리는 마음으로 내 순서를 준비했다. 드디어 차례가 왔다. 단상으로 올라갔다. 고객들의 모습을 둘러봤다. 고객들은 피곤하고 지루한 표정들이었다. 발표를 시작했다.

"안녕하세요. F사 이동현이라고 합니다. 지루하시죠? 업체별 15분의 시간을 주셨습니다. 15분 안에 끝내라는 말씀으로 이해하고 저는 5분 내로 마무리하겠습니다."

지루한 표정을 짓던 고객들이 집중하는 표정으로 바뀌었다. 당시 참가업체의 제품 스펙은 거의 비슷했다. 여기에 중복되는 설명은 필요 없었다. 회사의 가치, 우리 제품을 사용할 때 느낄 수 있는 자부심, 회사 소개

로 마무리했다. 설명이 불필요한 슬라이더는 넘기면서 진행했다. 프레젠테이션을 마치는 데 걸리는 시간은 몇 분이 되지 않았다. 오히려 고객들의 반응은 좋아 보였다. 지루함을 느꼈는데 짧게 끝낸 것에 대한 편안함, 경쟁사와 차별된 발표를 했던 이유때문이라고 생각했다.

상품 대부분은 '무'에서 '유'를 창조한 것이 아니다. 기존에 있었던 상품을 조금 더 편리하게 조금 더 특색 있게 만든 것뿐이다. 처음부터 끝까지 설명해봐야 시간만 낭비하는 셈이다. 영업인이 말하는 내용을 고객이 전부 들을 거라 오해하지 않길 바란다. 고객은 우리가 생각하는 것만큼 많은 정보를 원하지 않는다. 흥미 없는 말을 구구절절 해봐야 고객은 딴생각을 하고 있을 것이다. 영업인은 고객이 원하는 정보를 압축해서 전달하면 된다. 그것이면 충분하다.

─────────── 1등 영업의 한 끗 차이 ───────────

비슷한 제품끼리 경합하는 프레젠테이션이 있다. 발표 순서가 두 번째 이후라면 중복되는 정보는 생략하라. 슬라이드는 자연스럽게 넘기면서 진행하면 된다. 도입부에서 한마디만 하라. "지루하실 것 같습니다. 중복되는 정보는 생략하며 설명드리겠습니다. 사소한 것부터 고객을 생각하겠습니다." 발표에 부여된 시간이 있지만, 청중도 사람이다. 시간은 금이고 사람들은 성급하다. 비효율적이라 판단되면 환부를 도려내는 조치가 필요하다. 발표는 짧지만 고객의 기억에 남는 프레젠테이션이 될 것이다.

몇 년 전 장모님이 손자들에게 침대를 사주신다고 아내와 전시장에 가셨다. 전시장에 다녀온 후 아내는 튼튼한 원목 침대로 주문했다고 한다. 장모님은 주문하신 침대가 아주 마음에 드셨던 것 같다. 하지만 제대로 구매하신 게 맞는가 싶었다. 간혹 비양심적인 업체들이 있어서 걱정됐다. 계약서를 보니 고가제품이었다. 침대 조립은 가구업체 대표와 배우자가 함께 왔다. 포장을 뜯고 제품을 확인했다. 보는 순간 한숨부터 나왔다. 어떤 방식으로 작업을 하는지 보기 위해 지켜만 봤다. 아무 말도 하지 않고 있었다. 침대가 조립될수록 가관이었다. 결합 방식이 부실해 아이들이 사용하다가 무너질 정도로 허술했다. 더는 안 되겠다 싶어 계약서를 들고 말했다.

"사장님, 계약서상에는 원목이라고 되어 있는데 이 제품은 집성목입니다. 집성목과 원목의 차이를 모르시나요? 모르시면 가르쳐드릴게요."

그제야 업체 대표는 온갖 설명을 늘어놓기 시작했다. 목재의 수종부터 활용하는 용도까지 쓸데없는 정보들을 나열했다.

"저도 가구인입니다. 사장님이 가구를 몇 년 하신 지는 모르겠네요. 적어도 가구 지식은 제가 더 많을 겁니다. 오늘은 이만하시죠. 결합 방식은 제가 원하는 대로 해주세요. 그렇지 않으면 잔금은 받을 생각 마시고, 계

약은 취소해주세요. 오늘은 돌아가시고 내일 제대로 준비하셔서 다시 와
주세요."

그제야 가구업체 사장은 난처한 표정을 지으며 돌아갔다. 가구업체 사
장은 이미 장모님과 아내에게 장황한 설명을 했을 것이다. 사장의 말만
믿으셨던 장모님은 팔기 좋은 고객이었을 뿐이었다. 이런 사람 때문에 선
량한 가구업체들이 손가락질 받는다는 생각이 들었다. 생각할수록 화가
났다. 다음 날 가구업체 사장이 다시 왔다. 어제 함께 왔던 배우자는 오지
않고 기술자로 보이는 사람이 동행했다. 준비한 공구들이 많아 보였다.
내가 원한 체결 방식에 필요한 부속물도 모두 가져왔다. 작업 과정을 지
켜보니 튼튼하게 조립되었다. 모든 조립이 끝나고 사장에게 말했다.

"어제 완료하기로 한 제품은 제대로 마무리가 되지 못했습니다. 덕분
에 저희 가족은 불편함을 겪었고요. 계약서에 명시된 것처럼 원목도 아니
었습니다. 분명 집성목입니다. 계약 조건을 위반했기 때문에 잔금은 전부
드리지 않겠습니다. 침대가 두 세트니깐 한 세트당 20만 원씩, 총 40만 원
은 할인해주셔야 합니다."

결국, 내가 원하는 방식으로 조립되었고, 원하는 만큼의 할인을 받았
다. 장모님은 업체에 잔금을 송금하셨다.

침대업체 사장은 의도적으로 장모님을 속인 건 아니었을 것이다. 잘못 알고 있는 사실을 너무 길게 설명했다. 영업인도 고객을 설득하기 위해 불필요한 말은 삼가는 것이 좋다. 더욱이 잘못된 정보나 확신이 없는 말은 하지 않아야 한다. 고가의 제품일수록 고객은 구매 후에도 자신의 결정을 몇 번이고 다시 생각한다. 영업인은 고객의 이런 마음을 이해하고, 그들의 결정에 확신을 심어주는 것이 필요하다.

보면 믿는다

2018년 서울에 있는 U기업에 폴딩테이블(교육용 테이블)을 제안했다. 구매 담당자는 여러 제품을 카탈로그만으로 비교 중이었다. 이 전에 사용하던 제품은 내구성이 약해 고장이 잦았다고 했다. 그런데 제조사별로 제품의 사양은 거의 차이가 없다. 외관은 비슷하지만, 가격대는 천차만별이다. 사용 방법도 비슷하다. 그렇다면 무엇에 초점을 맞춰야 할 것인가를 생각했다.

나는 구매 담당자가 처음에 말한 '내구성'에 초점을 맞췄다. 어차피 경쟁사 제품들도 비슷했기 때문에 짧게 설명했다. 미리 준비한 폴딩테이블을 담당자에게 보여주고 테이블 위로 올라갔다. 테이블 위에서 몇 번을 뛰었지만, 상판이 내려앉지 않았다.

며칠 뒤 당사가 공급업체로 선정되었다. 경쟁사들에서는 제품 설명을 열심히 했을 것이다. 하지만 이럴 땐 말이 필요 없다. 직접 보여주면 된다. 폴딩테이블은 부피가 커서 운반하는 데는 번거롭다. 하지만 시연이 필요하다고 판단될 때는 약간의 번거로움 정도는 감수해야 한다. 고객이 말하는 포인트를 놓치지 않고 듣는다면 힌트를 발견할 수 있을 것이다. 때론 불필요한 설명보다 시연이 강력한 효과를 발휘한다. 효과가 있을 거라 판단되면 고객이 말하기 전에 실행하자. 눈앞에서 목격한 것은 신뢰할 수밖에 없다. 무거운 가구를 들고 와서 정성을 보이는데, 고객이 모른 척하기도 힘들지 않겠나.

고객과 많이 만난다고 계약률이 높아지는 것은 아니다. 수없이 찾아가도 헛발질하는 사람은 헛발질만 한다. 쓸모없는 설명은 과감히 버리고 임팩트 있는 멘트 몇 마디로 충분하다. 자세한 설명은 고객이 원할 때 언제든지 가능하다. 지금은 고객을 설득하는 것이 중요한 때가 아닌가. 프로 영업인들의 상담 멘트는 심플하게 이뤄진다. 프로 영업인답게 치열하게 움직이고 말은 줄이자. 말보다 행동으로 보여주는 영업인이 프로 영업인이다.

CHAPTER 7

상품의 히스토리가 품격을 올린다

히스토리가 명품을 만든다

TV 홈쇼핑을 보면 현란한 마케팅 기법이 연출된다. 소비자의 관심을 즉각 유도하는 방법 중 하나가 '비포(before) & 애프터(after)'라 생각한다. 비포에서는 어두운 표정과 칙칙한 얼굴, 애프터에서는 밝은 톤의 화장을 하고 웃고 있다. 아무리 의도적인 연출이라지만 '이건 좀 심하다.'라는 생각을 할 때도 있다. 하지만 구매를 고민하는 고객들의 마음을 흔들기엔 충분한 방법이다.

비포 & 애프터 기법만큼 강력한 마케팅이 있다. 바로 스토리 마케팅이다. 개인적으론 스토리 마케팅이 훨씬 강력하다고 생각한다. 스토리 마케팅은 스토리를 기반으로 만들어진다. 따라서 한 번을 듣더라도 기억에 오래 남는다. 스토리에 사실에 기반한 히스토리까지 얹히면 그야말로 훌륭한 마케팅이 되는 것이다.

마케팅 기법의 진화는 세일즈 기법의 변화를 끌어낸다. 영업인은 마케팅 기법의 변화에 주목해야 한다. 마케팅 기법의 변화에 따라 세일즈 기법에도 변화가 필요하다. 전통적인 세일즈 기법은 마케팅의 개념이 희박했을 때나 가능했다. 전통적 세일즈 기법 중에도 여전히 활용할 가치가 있는 기법도 있다. 그렇지만 버려야 할 것도 많아졌다. 지금은 가치에 스토리를 더한 세일즈가 답이다. 제품의 퀄리티는 이미 상향평준화가 이뤄졌다. 이런 이유로 고객은 더는 상세한 제품 정보에 민감하지 않다.

'아오모리현의 합격 사과'는 스토리의 단골 소재로 활용한다. 아오모리 합격 사과에는 더욱 감동적인 히스토리가 있다. 우리가 알고 있는 아오모리 사과는 합격 사과로 유명해진 것이 아니다. 10년 넘게 무농약, 무비료로 사과를 재배해온 것이 신화가 되었다. 이후 아오모리 사과는 판매 시작 후 3분 만에 마감되는 유명한 사과가 되었다. 이렇게 대박이 터졌음에도 불구하고 농장주 기무라 씨는 프리미엄 가격이 아닌 일반가격 수준에서 판매한다고 한다. 이왕이면 고객이 무농약 상품들을 더 많이 선택해줬으면 하는 바람이라고 했다.

태풍에 상처 입은 사과에 열광하는 사람은 없다. 농부의 정성과 태풍을 이겨낸 사과의 히스토리가 명품 사과를 만든 것이다. 하나의 상품에 고객이 열광하는 히스토리를 어떻게 만들어내느냐가 중요하다. 영업인의 스토리, 상품의 히스토리가 조화를 이룬다면 고객은 열광할 것이다.

히스토리는 스토리를 기초로 만들어진다. 전 세계의 모든 역사 또한 스토리다. 역사는 승자의 기준에서 선과 악을 구별했다. 승자는 역사의 주인공이 되었다. 하나의 사실이라도 스토리를 만드는 주체에 따라 역사를 평가하는 결과도 바뀐다. 스토리를 어떻게 만드냐에 따라 상품의 가치는 순식간에 바뀌게 된다.

무라마츠 다츠오의 저서 『고객의 80%는 비싸도 구매한다!』에 이런 글이 있다.

"상품에 에피소드를 가미하는 것을 통해 가치를 높일 수 있다. 예를 들어 제품 개발 배경과 비화, 노력 또는 다른 휴먼드라마, 실패담 고백과 성공 바람을 광고를 통해 알린다면 제품의 가치도 높아지게 된다."

무라마츠 다츠오가 말한 것은 사실이다. 나도 경험했다. 상품에 에피소드를 더하면 고객의 지갑은 저절로 열리게 된다.

양재동에 있는 S물산이란 빌딩에서 6년 정도 사무실을 사용한 적이 있다. 오피스 빌딩이라 영업사원들이 수시로 방문했다. 주로 보험, 카드 업종에 근무하는 분들이었다. 당신들도 많이 경험해봤겠지만 접근하는 방식이 매우 단조롭다. 달랑 명함 한 장을 건네주고 필요하면 연락을 달라는 식이다.

어느 날 학생처럼 보이는 청년이 찾아왔다. 그 청년은 커다란 검은색 가방을 들고 있었다. 나는 협력사에서 오신 손님과 상담 중이라 명함만 두고 가라고 했다. 청년은 머뭇거리면서 아무 말도 하지 않은 채로 서 있었다. 숫기가 없어 보이는 청년이 마음에 걸렸다. 마치 젊은 시절의 내 모습 같았다. 점심시간이 다 돼서 밥이라도 먹여 보내고 싶었다. 함께 식사를 마친 후 청년을 돌려보내고 사무실로 왔다. 잠시 뒤 청년이 다시 사무실로 찾아왔다.

"대표님, 제 이야기 5분만 들어주십시오. 제발 부탁드립니다. 제 그림을 한 번만 봐주십시오."

무슨 사연이 있는 것 같아 일단 이야기를 들어보기로 했다. 청년은 미대에 재학 중인 대학생이었다. 지금까지 청년은 장학금을 받아 학교에 다

닐 수 있었다. 부모님은 전남에서 농사를 짓고, 청년은 두 명의 동생과 원룸에서 생활했다. 쌍둥이 동생들이 대학교에 진학하는데 집에서 등록금을 마련해주지 못했다. 그래서 자신이 그린 그림을 팔고 있다고 했다. 청년은 자신의 작품에 자부심을 가지고 있었다. 청년의 그림이 보고 싶어졌다. 커다란 가방 안에는 금색 액자로 된 그림 몇 점을 꺼내 들었다. 유화물감으로 그린 것처럼 보였다. 작은 호수 주변에 숲이 우거진 편안한 느낌을 주는 그림이었다. 또 하나는 해변에 여러 배가 정박 중이고, 갈매기들이 날아다니는 풍경이었다.

"대표님, 이 그림은 제가 유럽으로 배낭여행을 갔을 때 봤던 풍경을 그린 겁니다."

숫기가 없어 보이던 청년의 모습은 보이지 않았다. 절박함과 자신감이 느껴지는 그의 말에 나도 모르게 설득이 됐다. 청년이 가지고 온 그림은 2점이었다. 난 가격도 물어보지 않고 모두 사겠다고 말했다.

나는 청년이 그린 작품에 감동적인 스토리와 가치를 느꼈다. 청년의 말이 진실인지, 거짓인지는 내게 중요하지 않았다. 난 이미 2점의 그림에 가치를 느꼈기 때문이다. 청년을 도와주고 싶은 동정심 때문에 그림을 구매하진 않았다.

청년의 작품에는 히스토리가 있었다. 그림을 보면서 청년이 봤던 장소를 상상하게 만드는 힘이 있었다. 만약 청년이 그림만 사달라고 했으면 절대 사지 않았을 것이다. 작품이 탄생하게 된 히스토리를 알고 난 후 단순한 그림에 환상을 가지게 됐다. 청년이 말했던 감동적인 스토리가 담긴 상품의 위력은 강력했다. 영업인의 마음조차 무장 해제시키고 지갑을 열게 만들어버리니 말이다.

유명 담배 브랜드 중에 말보로(Marlboro)가 있다. 내가 기억하는 말보로는 강렬한 레드컬러와 카우보이의 이미지로 기억된다. 강한 남성의 이미지로 남아 있다. 그런데 의외의 사실을 알게 됐다. 말보로는 처음엔 여성을 타깃으로 만든 담배였다고 한다. 당시 미국에서는 필터가 없는 담배만 판매했었다. 필터가 없으니 독한 연기를 뿜어내는 담배였을 것이다.

말보로에서는 최초로 필터를 적용한 담배를 생산했다. 필터를 적용하니 원래 판매된 담배보다 맛이 순해졌다. 순해진 맛을 이용해 여성을 타깃으로 판매했다. 그런데 판매량이 저조했다. 방법을 써서 판매량을 올려야 했는데 기가 막힌 방법을 생각해낸 것이다. 사랑하는 남녀의 스토리를 이용해 멋진 브랜드로 탈바꿈했다. 원래 여성을 타깃으로 했던 말보로의 의미는 이렇게 변했다. '남자는 흘러간 로맨스 때문에 항상 사랑하는 사람을 기억한다.(Man Always Remember Love Because Of Romance Over)' 이후 말보로는 남성들이 즐기는 담배의 대명사가 되었다.

이처럼 제품과 연관된 스토리 하나로 상품 타깃의 성별까지 바꿔버리는 결과를 만들었다.

대학 시절 때 배운 마케팅 이론에서는 고객을 이성적인 존재로 판단했다. 고객은 합리적으로 소비하고 정교하게 분석한다고 배웠다. 하지만 이것은 소비자의 성향을 제대로 파악하지 못한 것 같다. 오랜 기간 영업을 하면서 느낀 점이 있다. 고객의 구매 결정은 이성보다 감성이 앞선다는 점이다. 이성적 구매를 위해 평가항목들을 수치화하고 계량화를 해도 결정하는 건 결국엔 사람이다. 객관적인 평가 과정을 거쳐 결정한다 해도 결과를 뒤집는 것 또한 사람이다. 모든 기업과 상품들엔 고유한 히스토리가 있다. 히스토리는 복제할 수 없다. 상품에 히스토리를 더한다면 강한 호소력을 전달하는 것은 분명한 사실이다. 영업인 자신만의 히스토리, 상품의 히스토리를 만들어보자. 고객을 열광하게 만드는 것은 감동을 주는 상품의 히스토리다.

성공하는 영업인이 되고 싶다면 다르게 생각하고 다르게 행동하자. 영업인의 가치를 상품에만 의존하지 말자. 내가 아니어도 상품은 누군가 판매한다. 당신의 히스토리, 당신이 입힌 상품의 히스토리는 오직 당신의 것이다.

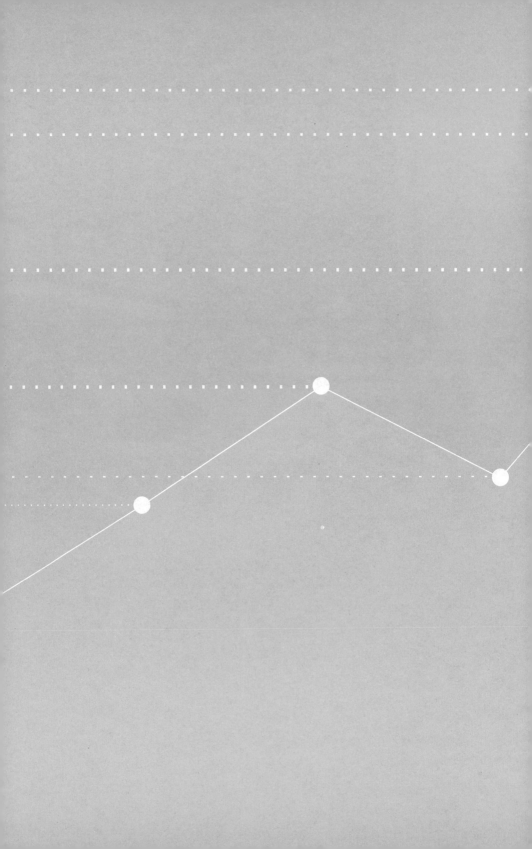

PART 4

준비된 영업 :
철저한 대비가 매출을 올린다

퍼스널 브랜딩으로 나의 가치를 높여라

퍼스널 브랜드는 영업인의 가치다

1인 지식창업이 주목을 받고 있다. 1인 지식창업을 확산하기 위해서 마케팅이 필요하다. 이를 위해 준비해야 하는 건 '퍼스널 브랜드'다. N 포털에서 퍼스널 브랜딩의 정의를 찾아봤다. '퍼스널 브랜딩(Personal Branding)은 자신을 브랜드화하여 특정 분야에 대해 먼저 자신을 떠올릴 수 있도록 만드는 과정을 말한다.'라고 정의되어 있다. 다시 말하면 자신의 이미지가 구축된 브랜드를 '퍼스널 브랜드', 퍼스널 브랜드를 구축하는 과정이 '퍼스널 브랜딩'이다.

"실장님 안녕하세요. D기업입니다. 저희 회사 가구에 문제가 생겨서요. 실장님이 납품하신 가구는 아니고, 탕비실 가구에 문제가 있어서요."

"네. 그러시군요. 괜찮으시다면 내일 오전 11시에 방문드려도 될까요?"

"네. 실장님. 감사합니다. 기다리고 있겠습니다."

거래처 고객들은 가구 관리가 필요할 때 내게 연락한다. 경험이 쌓이다 보니 고객들은 내게 모든 것을 요청했다. 심지어 가구와 상관없는 것들도 요청하는 경우가 많았다. 큰 비용이 발생하는 것은 하는 수 없이 비용을 청구했다. 하지만 내가 직접 할 수 있는 것들은 단 1원도 받지도 않았다. 하루는 이런 나의 모습을 보던 친구가 버럭 화를 냈다.

"한두 번도 아니고 미련한 짓 좀 그만해. 시간 쓰고, 기름 쓰고, 돈 쓰고. 네 일당이 얼마짜린데 그러고 있냐. 정신 좀 차려!"

하지만 고객을 위해 작은 도움을 줄 수 있다는 사실에 보람을 느낀다. 특히 공공기관, 관공서의 경우 급하게 필요한 일이 발생한다. 그런데 배정된 예산이 없을 때가 있다. 난처한 상황이 발생하면 담당 실무관들의 속앓이하는 모습을 본다. 알게 되면 지나칠 수 없는 것이다.

내 별명은 '가구 박사'다. 친한 고객들은 나를 '가구 박사님'이라 부른다.

얼마 전 다른 고객으로부터 '수호천사'라는 말을 들었다. '수호천사?' 왠지 얼굴이 화끈거리고 난처해서 어디에 숨고 싶었다. 하지만 고객으로부터 수호천사란 말을 들으니 기분이 좋았다. 이처럼 내게 소중한 별명을 붙여준 고객들이 고맙다. 나는 고객을 위해 진심으로 많은 것을 준다. 나의 재능으로 고객의 고민을 해결하면 그것으로 만족했다. 그리고 고객 덕분에 '가구 박사'라는 멋진 닉네임도 생겼다.

고객들에겐 '이동현'이라고 하는 부지런하고, 성실하고, 정직한 영업인의 브랜드가 인식되었다. 나는 이 브랜드를 더욱 확산하는 것이 목표다. 가구 박사를 넘어 19년 이상의 살아 숨 쉬는 세일즈 경험과 노하우를 공유하는 것이다. 이것은 나의 꿈이다. 원대한 꿈의 실현을 위해 지금도 치열하게 살고 있다.

퍼스널 브랜딩과 영업인은 어떤 관계가 있을까? 퍼스널 브랜딩은 가치판매, 스토리텔링과 연결된다. 오늘날 소비자는 영업인보다 유리한 위치에 있다. 소비자는 원하는 정보를 손가락 하나로 확인할 수 있다. 따라서 영업인이 제품 설명만으로 영업하는 행위는 설득력을 잃었다. 고객은 이미 상품에 대한 정보를 훤히 알고 있다. 이젠 다른 방식의 접근이 필요한 때다.

퍼스널 브랜딩의 핵심은 고객이 가진 정보를 통해 나를 찾아오게 만드는 것이다. 그렇다면 영업인은 어떤 준비가 필요할까? 퍼스널 브랜딩을 시작하기 전에 아래의 질문에 명확한 답을 해야 한다.

첫째, 나는 무엇을 할 때 가장 행복한가?

둘째, 나의 원동력은 무엇인가?

셋째, 내 인생의 목표는 무엇인가?

넷째, 나의 사명은 무엇인가?

다섯째, 사람들이 내게 가장 많이 묻는 말, 도움을 가장 많이 요청하는 것은 무엇인가?

여섯째, 어떤 도구를 활용할 것인가?

이상 6가지 질문에 대답할 수 있어야 한다.

퍼스널 브랜딩 툴을 개발하라

나는 퍼스널 브랜드를 구축하기 위해 다양한 방법으로 접근하고 있다.

첫째, 책을 쓰고 있다. 노하우와 지식을 공유하는 것이다. 보다 효과적으로 나의 지식을 전달하고자 책을 쓰는 것이다. 한 달째 늦은 새벽까지 밤잠을 설쳐가며 책을 쓰고 있다. 이것은 누구에게 도움이 될 것이란 신념이 있기에 실행하는 것이다.

둘째, 강연이다. 세일즈, 자기계발, 성공학과 관련한 강의를 하고 있다. 나는 직장생활을 했고 지금은 사업을 하고 있다. 사업을 하면서 실패와 성공 모두 경험했다. 사업에 실패했을 때의 처절했던 느낌은 아직도 생생하다. 하지만 다시 일어섰다. 누구 앞에서도 당당하게 나의 경험과 지식을 전해줄 시간이 됐다. 실패는 결코 부끄러운 일이 아니다. 성공을 향한 여정에서 잠깐 스쳐 가는 가벼운 경험일 뿐이다.

셋째, 코칭, 컨설팅 등의 교육 프로그램이다. 좀 더 전문적인 지식과 훈련을 원하는 사람들을 대상으로 최고의 서비스를 제공하려 한다.

넷째, 블로그, 인스타그램, 카페를 함께 운영한다. 퍼스널 브랜드를 구축하기 위해서는 SNS 마케팅은 필수도구이다.

4가지 도구만으로 퍼스널 브랜드 구축이 충분하다. 가구 박사를 뛰어넘는 세일즈 코치, 성공학 · 자기계발 · 동기 부여가로 나의 브랜드는 다시 만들어졌다.

개인마다 브랜드를 구축하는 방법에는 차이가 있다. 어떤 것이 나쁘고 좋다는 판단은 할 수 없다. 개인마다 목표, 재능, 전파 방법, 목적이 다르기 때문이다. 자신에게 맞는 방법을 적용하면 된다.

다른 사람으로부터 신뢰를 받는다는 건 쉬운 일이 아니다. 잠재 고객으로부터 비즈니스를 통해 신뢰를 받는다는 건 더욱 어렵고 많은 시간이 걸린다. 고객에게 전달할 나만의 가치를 만들어야 한다. 그리고 고객에게 전달해야 한다. 자신이 설정한 목표를 이루기 위해 끊임없이 배우고 노력하면 당신도 최고가 될 수 있다.

'한국SNS마케팅협회' 신상희 대표의 말이다.

"24시간 내 손안에 잠재 고객이 있다. 잘 꾸며놓은 SNS 하나가 퍼스널 브랜딩의 성패를 좌우한다."

대기업도 하나의 브랜드를 만드는 데 엄청난 투자를 한다. 대기업처럼 거대한 자본을 가지고 있지 않다면 나만의 브랜드에 가치를 더해야 한다. 따라서 저렴한 비용, 빠른 확산을 원하는 영업인에게 SNS 마케팅은 필수적인 도구다.

자신의 가치를 더 높이고 싶다면 지금 결정해야 한다. 나만의 퍼스널 브랜드를 만들어야 한다.

프로 영업인은 퍼스널 브랜딩의 전문가다. 고객이 프로 영업인을 찾는 데는 이유가 있다. 고객의 호기심, 구매 욕구를 자극하는 자신만의 브랜드와 가치가 있다. 브랜드를 인식한 고객 스스로 영업인을 찾아오는 것이다. 정확한 타깃 시장을 설정하고 자신의 가치를 지속해서 노출시켜야 한다. 그래야 브랜드가 만들어지고 당신의 가치가 확산된다. 영업이라는 직업은 퍼스널 브랜딩을 만들 수 있는 최고의 직업이다. 자신의 가치를 높이겠다고 결심했는가? 비즈니스를 통해 성공하고 싶은가? 그렇다면 퍼스널 브랜딩이 답이다.

CHAPTER 2

스펙(Spec)보다 스토리(Story)가 진짜다

고객은 감성으로 결정한다

인간은 자신의 결정이 객관적 근거로 이루어진다고 생각한다. 과연 그 럴까? 제품을 선택할 때, 상황을 판단할 때, 하나의 이슈로 토론할 때. 같은 조건이라도 사람마다 받아들이는 결과는 다르다. 인간은 주관적으로 생각하고 판단한다. 다만 우리는 객관적인 판단을 하는 것으로 착각하는 것뿐이다. 주관적인 것이 나쁜 것은 아니다. 개인의 다양한 생각과 의견이 공존하는 것은 즐거운 일이다. 그리고 다양한 성향의 고객들을 만날 수 있는 영업, 난 이런 이유로 영업이 축복받은 직업이라 생각한다.

후배 영업인이 저녁 식사를 하자며 찾아왔다. 후배의 영업 경력은 짧았지만, 프로 영업인의 조건을 충분히 갖추고 있다.

"형, 나 요즘 영업이 머리가 복잡해지네."
"왜? 뭐가 문제야? 네가 힘들 정도면 문제가 있는 거네."
"아직 실적은 괜찮은데 머리가 예전 같지 않은 것 같아. 방법을 찾다가 형 생각이 나 찾아왔어."

후배는 자신의 영업을 좀 더 차별화하는 방법을 찾고 있었다.

영업인은 고객에게 상품의 스토리를 보여야 한다. 가장 효과적인 방법은 판매하는 제품과 자신에게 스토리를 입히는 것이다. 이제는 제품 설명을 아무리 열심히 해도 고객을 설득하기 힘들다. 이유가 뭘까?

첫째, 산업구조와 시장의 소비구조가 급속도로 변화했다. 시장구조는 공급자 중심에서 소비자 중심으로 바뀌었다. 제품을 만들기만 하면 팔리던 시절에는 수요가 압도적으로 많았다. 하지만 지금은 공급이 수요를 초과한 상황이다. 유통되는 제품과 상품들은 넘쳐난다. 따라서 소비자가 선택 가능한 범위는 넓어졌다.

둘째, 정보의 문제다. 인터넷이 활성화되기 전에는 공급자가 제공하는 정보로 한정되어 있었다. 이제 고객은 원하는 정보가 있으면 손가락 하나로 확인한다.

오늘날의 소비자는 공급자보다 더 많은 정보를 가지고 있다. 만약 공급자가 소비자에게 거짓 정보를 제공할 경우 치러야 할 대가는 엄청나다. 블로그, SNS로 정보가 유통되고 언론까지 가세하면 기업의 생존마저 위태로운 상황이 된다. 오늘날의 정보는 소비자가 우위를 점하는 시대가 되었다.

소비자는 똑똑해졌다. 소비자의 인식과 상품에 대한 평가 기준이 상향된 것이다. 영업인은 변화된 고객의 기준에 맞춰 설득해야 한다.

세일즈 전문가 하석태 교수는 이렇게 말했다.

"상대방에게 하고 싶은 말을 생생하게 전달하는 행위가 스토리텔링입니다. 고객을 설득하는 일을 하는 사람에게 스토리텔링은 필수입니다. 그렇다면 스토리텔링이 영업에 어떤 효과가 있을까요? 첫째, 고객을 집중하게 합니다. 둘째, 신뢰를 형성하게 합니다. 단, 고객에게 공감을 통한 판매확률을 높이기 위해서 주의사항이 있습니다. 사실에 근거해야 하고 명확한 메시지가 있어야 합니다. 아무리 좋은 스토리텔링이라도 상대가 공감하지 못하면 필요가 없습니다. 상품의 특장점을 설명하는 것은 말만 하는 것입니다. 판매하는 상품에 스토리를 입히세요. 그러면 고객의 마음을 열고 판매확률을 높일 수 있습니다. 스토리가 상품의 가치를 높입니다. 프로 영업인은 상품을 파는 것이 아니라 가치를 팝니다. 그리고 가치는 스토리로 표현되어야 합니다."

하석태 교수의 말에 영업인들이 찾는 답이 있다. 처음 보는 고객을 상대로 아무리 제품 설명을 해봤자 기대하는 성과를 달성하기 힘들다. 상대의 제안을 거절하지 못하는 정말 착한 고객이 있을 수도 있다. 착한 고객을 만나면 간혹 계약은 이루어질 수도 있다. 중요한 것은 계약이 되더라도 고객은 여전히 스토리를 모른다는 것이다. 그리고 이런 고객을 만날 확률은 희박하다. 지금 당장 판매하는 상품에 스토리를 입히자. 그것은 나만의 브랜드이자 나만의 강력한 세일즈 무기가 된다.

Story는 Spec보다 강하다

내가 공급하는 제품은 경쟁사도 공급할 수 있다. 그렇다면 고객은 왜 나를 선택해야 할까? 내가 고객의 입장이라면 선택의 기준은 무엇일까?

M사와 거래를 시작하게 된 사례다.

"과장님을 만나기 전 직원 몇 분께 여쭤봤어요. 낡은 의자 사용으로 허리에 불편함을 느끼시더군요. O사는 직원의 70%가 내근직입니다. 앉은 자세에서 장시간 업무를 보면 허리에 무리가 오게 됩니다. 허리를 다치면 업무에 지장이 있습니다. 아무래도 회사 차원에서는 손실이 아닐까요? 의자는 의료기기가 아닙니다. 하지만 허리가 안 좋으신 분들이 구매하는 의자가 있습니다."

"실장님, 그러면 어떤 의자가 좋을까요? 추천 좀 해주세요."

위의 사례를 보면 제품 설명은 하지 않았다. 사용 중인 제품에 대한 직원만족도, 의자 교체를 하지 않았을 경우 리스크만 제시했을 뿐이다. 이렇게 단순한 방법이 고객의 호기심을 유발한다.

스토리를 활용하면 고객은 더욱 관심을 가진다. 때로는 위기감도 느낀다. 영업 현장에서 스토리의 위력은 강력하다. 처음 만나는 고객일 때 더욱 효과적이다. 고객의 호기심을 자극했다는 것은 목표의 절반은 달성한 것이다.

고객이 자신이 영업 대상이라 느끼게 되면 듣는 것은 중단된다. 누구도 영업당하는 것을 좋아하는 사람은 없다. 고객도 영업인에게 말하고 싶어 한다. 영업인은 고객의 모습을 살피고 그들의 말을 들어야 한다.

지금껏 제안 기법, 니즈 발굴 기법들을 열심히 배웠을 것이다. 이런 기법들을 적용해 계획했던 시나리오와 일치한 경우가 몇 번 있었는가. 고객은 당신이 생각한 만큼 상대하기 쉬운 사람이 아니다. 그리고 자신이 준비한 각본대로 따라오는 고객도 없다. 이쯤 되면 방법을 바꿔야 한다. 영업인은 상품과 고객의 니즈를 확인하고 스토리를 전달해야 한다.

다니엘 핑크의 저서 『파는 것이 인간이다』에는 이런 내용이 나온다. 9,000명의 직장인을 대상으로 '당신은 직장에서 무슨 일을 하고 있는가?'라는 설문 조사를 하고 응답을 분석하여 다음과 같은 결론을 내렸다.

"우리는 다른 사람이 기존에 갖고 있는 무언가를 버리고 우리가 제안하는 어떤 것을 취하도록 설득하고, 이유를 납득시키며, 의사결정에 영향을 미치고 있다. 작업과 관련된 활동을 분석한 자료를 보면 알 수 있겠지만 우리는 40% 이상의 시간을 다른 사람을 움직이는 일에 쓰고 있다. 또한, 우리는 그러한 일이 직업적 성공에 아주 중요하다고 여긴다."

비영업인도 타인을 설득하는 것이 중요한 업무라는 결과다. 고객의 마음을 움직이는 영업인에게 설득은 무엇보다 중요하다. 그래서 스토리텔링 스킬이 필요한 것이다.

나의 상품에 스토리를 더하는 것은 어려운 일이 아니다. 주위를 보면

스토리로 활용 가능한 소재들이 넘쳐난다. 내가 만든 스토리는 고객들이 평가한다. 고객의 반응이 곧 나에 대한 평가다. 고객이 공감하는 스토리를 만들어라. 설득력이 있는 스토리에 고객은 공감한다. 공감하는 고객은 영업인에게 기꺼이 시간을 제공한다. 영업은 제로섬 게임이다. 오직 0과 100만 있을 뿐이다. 현재에 머무르는 사람은 0이다. 변화를 시도하고 노력하는 영업인만이 100을 가져갈 자격이 있다. 상품과 회사를 활용하여 아름다운 스토리를 만들자. 100을 가져가는 주인공은 당신이다. 결국, 고객은 스토리에 움직인다.

CHAPTER 3

가격보다 가치로 선택한다

차별화된 가치가 중요하다

이제는 비슷한 상품과 가격으로만 영업하면 조용히 사라지는 신세가 되었다. 친분과 인정만으로는 영업하기 힘든 세상이다. 고객은 가치 있는 상품에 매력을 느낀다. TV 광고를 봐도 제품 설명을 하는 광고는 드물다. 제품과는 상관없는 상품의 가치만 전달하는 광고가 대세를 이루고 있다.

2018년 3월 16일 〈동아닷컴〉 강승현 기자가 쓴 기사의 일부 내용이다.

"국내 커피전문점 업계 1위 스타벅스가 1호점을 연 지 18년 만에 매출

1조 원을 넘었다. 최근에는 스타벅스가 있는 주거단지를 가리켜 '스세권 (역세권에서 차용해 스타벅스가 상업활동의 중심지가 된다는 뜻)'이란 말이 나올 정 도다."

하나의 브랜드가 집값과 주거 위치까지 결정하는 요인이 됐다. 스타벅 스는 카페를 대표하는 브랜드가 되었다. 커피 가격은 계속 비싸지고, 소 비는 증가한다. 고객은 가격에 부담을 느끼지만, 기꺼이 그 값을 지불하 고 있다. 스타벅스는 그들만의 고유한 가치가 담긴 '문화'를 판매했다. 고 객은 휴식, 업무, 독서 등 다양한 목적으로 방문한다. 카페의 기능이 고객 의 다양한 니즈를 제공하는 장소로도 자리매김한 것이다. 학생, 직장인, 작가, 일반인 등 누구든 카페에서 자신의 일을 하며 시간을 보내고 있다.

고객은 자신이 구매한 상품에 가치를 부여한다. 사람은 가치가 있다고 생각하는 상품을 소유하면 만족감을 느낀다. 나도 스타벅스 커피를 한 잔 들고 있으면 왠지 모를 만족감을 느꼈다.

내가 가진 상품을 고객이 선택해야 하는 이유는 무엇인가? 그리고 영 업인으로서 내가 가진 가치는 무엇인가? 고객으로부터 관심과 선택을 받 을만한 가치가 있는 것인가? 영업인의 가치에 대한 고민은 이 질문으로 부터 시작된다.

영업인의 가치는 고객의 선택으로 만들어진다. 아무리 가치 있는 세일즈라도 고객의 선택을 받지 못하면 그저 평범한 영업인이다. 고객이 얻을 수 있는 가치와 이익, 내가 제공할 수 있는 가치를 찾기란 쉽지는 않다. 쉽지 않기 때문에 차별화된 가치에는 희소성이 있는 것이다.

차별화된 가치는 고객의 문제를 해결하는 답을 제시해야 한다. 그래야 관심을 받을 만한 가치가 있다. 주의해야 할 점은 가치를 제안할 때는 추상적인 단어는 피해야 한다. 추상적인 단어는 오히려 구매 의욕을 떨어뜨릴 수 있기 때문이다. 따라서 명확한 의미를 가진 단어를 사용해서 전달해야 한다. 추상적인 단어의 사용은 상담 과정 전체에서도 피해야 한다.

영업인이 제안하고 고객이 구매하는 과정은 줄다리기와 비슷하다. 밀고 당기기를 하는 것이다. 줄다리기할 때 힘의 중심이 특정 지점에 왔을 때 구매는 이루어진다. 고객은 지불하는 비용과 가치가 만나는 지점에서 구매를 결정한다. 이 지점은 고객마다 다르게 나타난다.

가구를 구입 예정인 고객과 상담을 하다 보면 차이가 있다. 저렴한 가격의 가구를 찾는 고객은 가격에 관심이 있다. 중가 라인업의 제품을 찾는 고객은 가치와 가격을 함께 고려한다. 고가제품을 찾는 고객은 자신이 만족할 만한 가치, 타인에게도 전달될 수 있는 가치를 찾는다. 어떤 고객은 과시하기 위해서, 또 어떤 고객은 성공했다는 성취감을 느끼기 위해서 그런 것이다.

고객마다 부여하는 가치의 기준에는 차이가 있다. 줄다리기처럼 고객마다 비용과 가치가 균형을 이루는 지점이 다르게 나타난 것이다. 영업인은 고객과 제품군에 따라 제안하는 방법을 차별화해야 한다. 문제는 고객이 먼저 말하지 않는다는 점이다. 따라서 영업인은 질문을 통해 가치와 비용이 만나는 지점을 확인해야 한다. 두서없이 설명하면 고객의 결정 과정을 더 복잡하게 만들 뿐이다. 이것만 기억하자. 고객의 성향, 니즈, 상품의 용도, 가격에 따라 가치를 제안하는 방법도 달리 적용하라. 가치를 확인하기 위해 핵심을 찌르는 질문을 하라. 그러면 고객의 입은 열릴 것이다.

가치는 내가 만든다

나는 개인적으로 '업자'라는 단어를 싫어한다. 업자라는 단어가 사전적 의미에는 문제가 없다. 다만 어감이 전문성이 없어 보이고, 상대를 낮춰보는 느낌이 들기 때문이다. 가장 중요한 건 단어 하나로 내 직업의 가치가 낮게 느껴진다는 것이다. 이런 이유로 처음 만나는 고객이라도 '업자'라는 단어를 사용하면 '업체'로 바꿔 달라고 요청한다.

의외로 많은 영업인이 고객 앞에서 자신을 낮추는 것을 습관처럼 행동한다. 고객 앞에서 허리를 굽신거리고 잘 보이기 위한 노력은 눈물겹다. 그들 말로는 겸손하게 보이기 위해서라고 한다. 고객 앞에서 거만한 태도를 보이라는 말은 절대 아니다. 다만 영업인으로서 겸손이란 의미를 잘못 이해하고 있는 것 같다. 겸손과 아부의 뜻은 명백히 틀리다. '겸손'은 고객에게 예의를 갖추고, 자신의 가치를 함께 전달하는 것이다. '아부'는 대가를 바라고 '겸손한 척' 행동하는 것이다.

고객의 시각에서 지나친 겸손은 아부로 오해할 수 있다. 이런 태도는 자신감이 없어 보인다. 그리고 영업인에 대한 호감도까지 낮아질 수 있다.

일부 영업인은 자신의 자존감조차 내려놓은 채 고객에게 매달리고 있다. 고객이 원하는 것은 모두 해야 한다는 잘못된 인식을 가진 영업인이다. 이런 영업인은 자신과 회사의 가치를 포기한 사람이다. 고객의 개인적인 심부름까지 하면서 영업을 해야 할 이유는 어디에도 없다. "경쟁사도 이렇게 영업을 한다."라고 말한다. "시장 상황이 그렇게 만들어져 어쩔수 없다."라고 말한다. 그렇다면 당신의 회사와 선배들의 잘못이다. 잘못된 관행으로 왜곡된 영업 환경을 만든 것이다.

아니라고 생각하면 바꾸면 된다. 고객이 원하더라도 아닌 것은 거절하는 용기가 있어야 한다. 영업의 가치는 영업인이 만들어야 한다. 고객은 우리가 만든 가치를 각자의 니즈에 맞게 선택하면 되는 것이다. 우리는 고객의 문제를 해결하는 컨설턴트이지 하수인이 아니다. 지금부터라도 잘못된 영업 행태는 바꿨으면 하는 바람이다. 영업인에 대한 인식은 우리

가 만드는 것이다. 우리의 모습을 스스로 망치게 되면 직업의 가치를 포기한 삶이 아닐까.

고객은 당면한 문제를 해결할 수 있는 능력 있는 영업인을 원한다. 그리고 고객이 원하는 가치를 제안하고 자신감이 느껴지는 영업인에게 끌린다. 당신이 만약 고객이라면 가치가 느껴지는 겸손한 영업인과 아부하는 영업인 중 누구를 택할 것인가?

고객이 내 직업을 어떻게 생각하는지는 모른다. 적어도 지금까지 내 직업에 자부심을 가지고 살아왔다. 고객을 정직하게 대했고 떳떳하게 일했다. '업체'라는 단어 하나에도 의미를 부여하고 나 자신을 가치 있는 존재라 생각했다. 영업은 상품에 가치를 얹혀 판매하는 직업이다. 자신에게 가치를 부여하고 자부심을 가진 영업인만이 가치까지 전달할 수 있다고 믿는다.

스마트폰과 컴퓨터에는 원하는 정보가 넘친다. 넘치는 정보에 내가 가진 상품과 지식이 묻혀서는 안 된다. 우리 영업인들도 자기 자신과 직업을 더욱 가치 있게 생각했으면 좋겠다. 영업은 어떤 직업과 비교해도 쉽지 않은 직업이다. 그래서 더욱 가치 있는 직업이다.

'내가 나를 사랑하지 않으면서 타인에게 사랑을 요구할 수 없다.' '자신을 가치 있는 영업인으로 평가하지 않고 고객에게 가치를 전달할 수 없다.' 상품에 가치를 입히기 전에 자신의 가치를 먼저 찾아보자. 그것이 순서이다. 자신의 가치를 찾고 특별한 스토리를 만들어보자. 나의 가치를 먼저 찾는다면 상품의 가치는 의외로 쉽게 찾을 수 있다. 이유가 뭘까? 당신은 가치 있는 영업인이기 때문이다.

클레임을 최우선으로 해결하라

클레임 처리는 신속하게

고객을 모두 만족시키는 제품과 서비스는 있을 수 없다. 고객 불만은 필연적으로 발생할 수밖에 없다.

와튼스쿨에서 작성된 '2006 불만 고객 연구보고서'에 따르면, 직접 기업에 항의하는 고객은 6%에 불과했다고 한다. 반면 주변에 불만을 표출하는 고객은 31%에 달했다. 그중 8%는 1명에게, 다른 8%는 2명에게, 78%는 3–5명, 나머지 6%는 6명 이상에게 불만 내용이 전달되었다. 결국, 불만 고객 100명 중 31명이 적어도 90여 명에게 불만을 전파한 것이다. 이제는 SNS의 발달로 불특정 다수에게 불만 사항이 급속도로 전파된다. 사소한 것에서 시작된 것이 눈덩이처럼 걷잡을 수 없는 결과를 초래하게 된 것이다.

클레임 처리의 중요성을 실감한 적이 있었다. 2005년도의 일이다. 대기업 통신사 S사에 직원용 의자를 수주해서 공급했다. 계약된 수량은 5,000개였다. 을지로 본사 사옥과 전국 지점에 나눠서 공급했다. 납품 당시의 의자는 고가의 신제품이었다. 디자인팀에서 심혈을 기울여 만든 메쉬(망사) 소재의 제품이었다. 요즘은 흔한 소재로 사용되지만 출시 당시에는 파격적인 디자인이었다.

납품이 완료되고 몇 개월이 지나지 않았다. S사 총무팀으로부터 클레임이 접수됐다. 의자 프레임이 부러졌다는 것이다. 이해가 되지 않았다. 개발된 의자 프레임은 스틸로 제작된 소재였기 때문이다. 의자가 큰 충격을 받아 파손된 것이라고 예상했다. 그래서 파손된 의자를 무상교체하는 것으로 마무리했다. 얼마 지나지 않아 같은 클레임이 접수됐다. 이번에도 가볍게 생각하고 교체만 진행했다.

그리고 한 달쯤 지났을까. 퀵서비스로 봉투에 담긴 물건을 받았다. 봉투를 열어보니 남성의 찢긴 바지였다. 찢긴 바지에 혈흔이 있었다. 심상치 않은 분위기를 느꼈다. S사 총무팀에서 연락을 받았다. 의자 프레임이 부러져 직원이 뒤로 넘어졌다는 것이다. 뒤로 넘어지면서 부러진 스틸 프레임에 엉덩이가 긁혀 바지가 찢어졌고, 피부가 손상됐다고 했다. 그제야 사태의 심각성을 깨달았다.

S사에서 발송된 공문이 회사에 접수됐다. 을지로 본사에 납품된 의자에 대해 X레이를 사용한 전수조사를 진행하라는 내용이었다. 회의를 거쳐 전수조사를 했다. X레이를 쏘면 방사선 피폭으로 인한 피해가 예상됐다. 그래서 휴일에 검사하는 수밖에 없었다.

결과는 충격적이었다. 납품 수량 중 절반 이상이 철재 프레임 내부에서 균열이 발견된 것이다. 확인 결과 스틸 프레임 제작시 열처리 공정이 잘못되면 철재 내부에서 균열이 발생한다고 했다. 조사 결과를 S사에 통보하고 전체 제품에 대해 보수 조치를 했다.

이후 스틸 프레임 구조와 결합 부분을 변경한 제품이 생산됐다. 수정된 제품에는 아무런 이상이 없었다. 하지만 S사와의 거래는 끊기게 되었다.

클레임이 접수되면 빠른 조치가 필요하다. '설마'라는 생각이 얼마나 큰 대가를 요구하는지 실감하게 된 기회였다. 첫 번째 클래임을 접수했을 때 적극적인 대응을 했다면 이처럼 엄청난 대가까진 치르지 않았을 것이다. 비용보다 더 큰 문제는 고객으로부터 신뢰를 완전히 잃어버린 것이다. 작은 구멍 하나로 순식간에 둑이 무너진다. 영업인은 자신의 고객이 불편한 것은 없는지, 무엇을 개선해야 하는지를 끊임없이 고민해야 한다.

대부분의 클레임은 제품에서 시작된다. 클레임을 처리하는 과정에서 문제는 시작된다. 성의 없는 태도를 보인다면 고객은 제품에 대한 불만은 잊어버린다. 고객의 불만은 영업인과 상담직원의 태도에 대한 불만으로 바뀌게 된다. 대응 방법에 따라 성격이 전혀 다른 클레임으로 바뀌는 것이다. 영업인의 입장도 상황에 따라 바뀐다. 고객 앞에서는 영업인이지만, 제조사와 협력사에는 고객이 될 수도 있다. 제조사 측에 제기한 클레임을 무성의한 태도로 일관하면 거래를 끊게 된다. 그리고 다른 영업인들에게 불만을 전파한다. 클레임을 제기할 경우 흔히 듣는 말은 "고객님, 그건 제 담당이 아닙니다. 규정상 어쩔 수 없습니다. 그런 선례가 없습니다." 등의 대답이다. 고객이 원하는 건 책임을 회피하는 대답이 아니다.

클래임은 사소한 원인으로 시작하지만 내버려두면 걷잡을 수 없는 지경까지 이르게 된다. 가격을 지불하고 구매했을 때 문제가 생긴다면 당신은 어떤 반응을 보일까. 적절한 조치를 요구해도 받아들여지지 않으면 강하게 항의하는 것은 고객의 당연한 권리이다. 우리는 클레임을 제기한 고객의 권리를 이해해야 한다. 그리고 적극적으로 수용하는 자세를 보여야 한다.

클레임 처리는 적극적으로

고객을 만나면서 클레임 경험이 없는 영업인은 없을 것이다. 클레임은 대응 방법에 따라 새로운 기회로 바뀔 수 있다.

인천에 있는 기업에서 품평회가 있었다. 구매 예정 수량은 의자 80개였다. 업체별로 샘플을 전시했다. 직원들의 체험을 통해 제품을 선정하는 방식이었다. 당사는 신제품을 준비해서 품평회에 참가했다. 직원 선호도, 가격, 디자인 등을 고려하여 가장 높은 점수를 받아 수주에 성공했다. 일주일 후 납품이 완료되었다.

며칠 뒤 구매 담당 부장으로부터 연락이 왔다. 의자의 머리 받침대(헤드 레스트)가 전부 빠져버린다는 것이다. 즉시 고객사를 방문했다. 머리 받침대 부분을 확인하니 쉽게 빠지는 구조였다. 앉은 자세에서 상체를 뒤로 넘기면 머리와 머리 받침대가 밀착된다. 사용자의 머리 무게를 견디지 못한 받침대가 빠지는 현상이었다.

간단한 보수로 해결될 문제가 아니었다. 의자 프레임과 머리 받침대 결합 구조를 바꿔야 했다. 개선하기 위해서는 새로운 금형의 프레임 제작이 필요했다. 금형 제작 비용에만 수천만 원이 투입될 것으로 예상했다.

제조사 본사 담당자에게 내용을 전달하고 개선이 필요한 부분을 협의했다. 제조사에서는 흔쾌히 새로운 금형을 제작하겠다는 약속을 했다. 금형을 제작하는 데 한 달 정도가 소요됐다. 고객사에는 새로운 금형 제작 후 개선된 의자로 교체하겠다는 약속을 했다. 의자 80개 전체를 무상교체로 진행할 것이란 내용도 전달했다.

금형 제작 완료 후 새로운 제품이 도착했고, 납품 물량 전체에 교환 작업이 완료되었다. 나는 구매부장에게 그동안 불편함을 끼친 점에 대해 사과했다. 구매부장은 내게 오히려 감사를 전했다.

이 고객사에서는 의자 교체를 한 지 4개월 후 사옥 전체에 대한 가구 교체 사업을 진행했다. 이때는 경쟁사들의 참가 없이 단독 수주를 할 수 있었다. 구매금액은 의자를 계약했던 금액보다 7배가 넘는 사업이었다. 클레임을 적극적이고 신속하게 처리한 결과였다고 생각한다. 만약 클레임에 대해 적절한 조치를 하지 않았다면 고객사와의 거래는 그걸로 끝이 났을 것이다. 제조사는 동일한 하자 발생으로 더 큰 비용이 발생했을 것이다. 고객의 기대를 넘어서는 서비스를 제공한 결과였다. 그리고 불만 고객을 충성고객으로 만들었다.

신입 시절 영업인은 '종합예술인'과 같아야 한다는 말을 들었다. 영업이란 상품 지식, 세일즈 스킬, 서비스 정신 등 사회생활에 필요한 모든 것을 배우고 실천하는 직업이라 배웠다. 이것은 내가 세일즈를 가장 가치 있는 직업이라 생각하는 이유다. 판매만 생각하면 초보 영업인, 모든 것을 생각하면 고수 영업인이다.

클레임이 접수되면 빠르게 행동해야 한다. 가만히 있어 봤자 머릿속 한 구석엔 복잡한 생각만 남게 된다. 고수 영업인은 클레임을 대하는 태도부터 다르다. 영업인의 마음속에 고객을 생각하는 마음이 없다면 성공에 대한 기대는 버려라. 고객을 만나면서 좋은 일만 기대하는 것은 불가능한 것이 아닐까.

　사소한 클레임도 가볍게 여기지 말자. 내가 어떻게 받아들이는가에 따라 결과도 달라진다. 고수 영업인이 되고 싶다면 기쁜 마음으로 클레임을 받아들이자. 달면 삼키고 쓰면 뱉어내는 영업인은 되지 말자. 우리는 고객이 있어야 존재하는 사람들이다.

CHAPTER 5

고객 스스로 깨닫게 하라

고객은 파트너다

신입 영업사원 시절에는 매출이 전부였다. 당시 나의 고객은 대리점들이었다. 월말이 다가오면 팀장님의 다그치는 소리가 사무실을 가득 채웠다. 담당하는 대리점들의 목표 실적이 부족하다 싶으면 예외 없이 팀장님의 호출이 있었다.

"야! 뭘 하고 다니는 거야. 이번 달 매출은 어떻게 만들 거야. 퇴근 전까지 보고해."

"네. 알겠습니다."

그렇게 팀장님의 불호령이 떨어지면 매출 실적이 부족한 대리점들을 찾아다녔다.

"대표님. 계속 매출이 저조합니다. 이런 상태가 계속되면 대리점 계약 해지를 하는 수밖에 없어요. 대리점 평가 점수에도 좋지 않습니다."

"죄송합니다. 진행 중인 현장들은 있는데 뜻대로 되지 않네요."

"데리고 있는 영업사원 실적이 저조하면 내보내시고 새로 채용하세요. 그리고 전시장이 이게 뭡니까. 신제품들로 교체하세요."

내가 팀장으로부터 받았던 상처만큼 대리점 대표님들에게 상처를 주었다. 요즘 언론에 자주 나오는 '갑질'을 했다. 나는 비겁하고 바보 같은 짓을 하고 있었다.

매출에 대해 밤낮으로 고민을 하니 해결 방법이 보이기 시작했다. 나는 대리점 대표와 소속된 영업사원들의 성향부터 분석했다. 분석 후 나만의 데이터베이스로 활용했다. 당시 대리점별로 분석한 일부 내용이다.

- A 대리점 : 〈문제점〉 매출이 기존 거래처에서만 발생
  〈개선 방향〉 신규현장 개척 영업
- B 대리점 : 〈문제점〉 프로젝트 현장에만 집중

〈개선 방향〉 일반 현장을 대상으로 영업 범위 확대,

현장 정보 제공
- C 대리점 : 〈문제점〉 프레젠테이션, 품평회에 부담을 느낌

    〈개선 방향〉 본사 차원의 영업 지원, 코칭

당시 12개 정도의 대리점을 담당했다. 대리점별 특징을 세부적으로 분석했다. 그런데 예상치 못한 결과가 나왔다. 대리점들의 문제를 해결하기 위해서 나부터 바꿔야 했다. 대리점들이 가진 대부분 원인의 책임은 내게 있었다. 먼저 나의 문제점을 파악했다. 이후 대리점이 요구하는 정보와 지원이 필요한 사항들에 대해 적극적으로 대응했다. 대리점 영업사원과의 동행 영업, 프레젠테이션 지원, 품평회 보드 제작 지원, 전시장 디스플레이 변경, 개척 영업 등 내가 할 수 있는 모든 노력을 했다.

3개월 정도가 지났을까. 그동안의 노력이 결과로 나타나기 시작했다. 현장에서 대리점과 함께 울고 웃으며 영업을 하니 동료의식이 생겼다. 고맙게도 대리점들은 나를 믿어주었다. 휴가 기간에도 대리점의 요청이 오면 방문했다. 휴가라는 것이 의미가 없을 정도로 성심을 다해 도왔다. 밤낮없이 대리점들과 함께했다. 지금 다시 그때로 돌아가 일을 하라면 거절할 것이다. 그만큼 죽을 정도로 뛰며 일했다. 머릿속에만 머물던 생각을 행동으로 옮기니 원하는 결과가 나왔다. 또한 대리점 스스로 문제점을 인식하고 개선하는 기회가 되었다.

실적이 저조한 대리점을 질책만으로는 절대 개선할 수 없다. 가뜩이나 힘든 상황인데 질책만 하면 서로 감정만 상할 뿐이다. 본사와 대리점 모두 매출이 중요하다. 매출이 떨어지면 가장 먼저 타격을 입는 쪽은 대리점이다. 생계가 달린 만큼 대리점은 절박하다. 대리점마다 성향과 장점이 다르다. 따라서 본사가 해야 할 일은 대리점의 특성에 맞는 솔루션을 제공해야 하는 것이다.

대리점과 가맹점은 본사의 하도급업체가 아니다. 본사에 이익을 주는 중요한 고객이다. 본사와 대리점, 가맹점들과의 관계를 보면 본사의 수준을 알 수 있다. 이것은 대기업도 예외가 아니다.

나 또한 7년 정도 몇몇 브랜드 대리점을 운영했다. 7년 동안 본사와 대리점 사이의 좁혀지지 않는 틈도 느꼈다. 그래서 기회가 된다면 예비창업자와 창업자들을 대상으로 컨설팅 과정을 만들어 도움을 주고 싶다.

계약서상 본사, 대리점 또는 가맹점의 관계는 '갑'과 '을'로 명시된다. 개인적으로 이런 사소한 것부터 개선이 필요하다고 생각한다. 본사의 고객은 대리점과 가맹점이다. 유통망에 대한 그릇된 시각을 가진 본사는 유통망 관리에 대한 인식부터 바꿔야 한다. 많은 유통망 중 개선이 필요한 점들은 대리점과 가맹점이 스스로 깨닫게 도와야 한다. 그리고 방향을 제시하고 실행하도록 함께 돕는 것이 본사의 임무다.

진정 고객을 위한다면 기다릴 줄 알아야 한다

고객이 스스로 깨닫기까지 많은 시간과 노력이 필요하다. 고객이 깨닫게 하는 것은 영업인이 해야 할 일이다. 영업인은 고객에게 적절한 질문으로 대답을 유도해야 한다. 이 과정에서 고객은 영업인이 설득한다는 사실을 눈치채지 못해야 한다. 원하는 결과를 얻은 후 고객이 스스로 깨달았다고 느끼게 하는 것이 중요하다. 이러한 과정을 거치면 고객은 성취감을 느끼고 구매 결심에 한 발 더 가까워진다.

〈동아일보〉 2012년 10월 25일 신병철 스핑클 그룹 대표의 말이다.

"심리적 반향 효과를 극대화하는 방법은 크게 세 가지다. 마지막이라는 점을 인식하게 하거나, 자율 선택권의 중요성을 지각하게 하거나, 희소성을 깨닫게 하는 것이다. 사람은 누구나 마지막을 아쉬워한다. 스스로의 선택을 제한받으면 더욱더 제품을 원하게 되고 희소해지면 더 갖고 싶어 한다. 지금이 아니면 이 제품을 구매하기 힘들다는 사실을 알게 되면 구매의향은 자연히 올라간다. 물리적 제품뿐 아니라 서비스 역시 지금이 마지막이라는 점을 강조하면 마케팅 효과를 극대화할 수 있다."

신병철 대표가 말한 3가지는 고객 스스로 결정하게 만드는 중요한 요소다. 우리는 모두 이성으로 구매를 한다고 착각한다. 구매를 고민하는 시점에 심리적 제한을 받게 되면 마음이 급해지는 것은 당연하다.

난 직장생활을 할 때나 사업을 하는 지금도 여름휴가를 간 적이 없다. 고객들로부터 언제 연락이 올지 모르기 때문이다. 내 기준에서 고객은 '1 대 다수'의 관계다. 고객은 나와 '1 대 1'의 관계로 생각한다. 특별한 일이 없는 한 고객이 원하는 시간에 원하는 서비스를 제공하는 그것이 최우선이다. 고객 스스로 깨닫게 하는 데 필요한 것이 있다. 영업인은 언제나 준비되어 있어야 한다. 고객 스스로 깨달을 수 있도록 질문하고 함께 노력해야 한다. 시대가 변하고 고객도 변했다. 하지만 고객을 위한 가치는 변함이 없어야 한다. 고객은 한결같은 영업인을 원한다.

고객의 관점에서 이익이 된다고 판단이 되는가? 그렇다면 설득은 영업인이 해야 할 일이다. 영업이란 진심으로 고객을 생각하는 것에서 출발한다. 고객의 관점에서 바라보고, 구매에 대한 확신을 심어주고, 고객 스스로 깨닫게 하고, 결정을 내리는 것을 도와야 한다. 이것이 진정한 영업의 가치다.

CHAPTER 6

구매 불안요소들을 먼저 제거하라

알아야 산다

가끔 가족과 함께 아울렛이나 백화점에 갈 때가 있다. 여러 곳을 구경하며 마음에 드는 물건을 보면 관심을 가진다. 매장에 들어가 만져보고, 입어보고 어울리는 제품인지도 확인한다. 모든 게 마음에 들면 구매한다. 결과는 단순해 보이지만 여러 조건을 고려해 결정한다. 브랜드, 디자인, 가격, AS….

오래전의 일이다. 이 경험을 통해 영업 실력이 몇 단계 성장할 수 있었다. 그리고 구매 불안 요소에 대한 개념을 확인하고 배웠다.

대기업 L사의 계열사 중 MRO기업 V사가 있었다. V가 소속인 K사원에게 영업 지원을 했다. 대상은 구미에 있는 L전자였다. 당시 L전자는 모든 제품을 경쟁사 제품으로 사용 중이었다. 그런데 K사원은 당사에 컨택을 했다. 당사를 컨택한 이유가 궁금했다.

"우리 회사를 컨택하신 이유가 있으신가요?"
"이번에 L전자에서 다른 제품도 검토하신답니다. 그래서 연락드리게 되었습니다."

같은 그룹의 계열사 직원이었지만 K사원은 L전자에 영업하는 처지였다. 그래서 당사의 영업 지원이 필요했을 것이다.

K사원과 함께 3개월 이상 프로젝트를 준비했다. 구미에서 수시로 만나 협의를 했다. 그동안 준비한 자료의 양도 많았다. 본사에서도 진행 중인 현장에 관심을 가져 막중한 책임감을 느끼고 있었다. 영업 진행은 일정대로 추진하는 것으로 보였다. 준비된 자료들을 K사원에게 전달했다. 얼마 후 K사원으로부터 연락이 왔다. 진행했던 L전자 프로젝트가 종료되었다는 말을 들었다. 기존에 거래하던 경쟁사 제품으로 구매한다는 것이다. 수주에 실패한 것이다. 그동안 이 프로젝트에 투입했던 시간과 노력은 모두 물거품이 되었다. 실망도 컸지만 배운 것도 많았다. '선무당이 사람 잡는다.'라는 말이 있다. 지금 생각해보면 내게 딱 맞는 말이었다. K사원이

원하는 자료, 수정 자료, 제안서, 보드 등 원하는 건 모두 지원했다. 필요한 자료를 수시로 요청하는데, 힘은 들지만 성실히 대응했다. 그러나 애초부터 기대했던 결과를 얻기란 힘들었다.

실패 원인을 찾기 위해 분석했고 해답을 찾았다. L전자는 이미 수억 원대의 가구를 구매해 사용 중이었다. 같은 계열사에서 영업한다 해도 공급업체를 바꾼다는 건 쉽지 않다. 사무 가구 특성상 기존 제품과의 호환성도 고려해야 한다. 호환되지 않으면 비품을 관리해야 할 품목이 증가하게 된다. 관리자로서는 숙제가 하나 더 생기는 것이다. 여기에다 지출 대비 효용성까지 떨어진다.

당시에도 사무 가구 기업 F사는 업계의 리딩 기업이었다. 하지만 L사는 F사의 제품을 사용해본 경험이 없었다. F사란 브랜드는 알고 있었지만, 영업인이 제안하는 제품은 생소했던 것이다. 브랜드와 제품에 대한 친숙도가 중요한 요소였다. 고객이 생소하다고 생각되면 그것은 구매 불안을 느끼는 출발점이 된다. 구매 불안은 고객의 당연한 심리다. 생소하고 지금 사용 중인 제품과 다른 것을 보면 고객은 긴장하고 불안을 느끼기 마련이다. 이런 현상은 프로젝트 영업 건, 즉 구매 후 영향을 받게 되는 사람들의 숫자가 많을 때 발생하는 현상이다.

일회용품을 구매하는 데 깊게 고민하는 사람은 드물다. 일회용품은 저렴한 가격으로 구매 후 한 번 쓰고 버리는 제품이다. 사용이 끝나면 버리고 쓰레기가 된다. 더는 눈에 보이지 않게 되고 기억에서 사라진다. 이유는 가격이 낮으면 책임지는 수준도 함께 낮아지기 때문이다.

하지만 내구재의 경우는 상황이 다르다. 계속 사용을 해야 하고, 때론 보수도 필요하다. 짧게는 몇 년에서, 길게는 수십 년을 사용해야 한다. 그만큼 가격이 고가인 제품들이 많다. 이처럼 구매 후 사용 기간이 길어진다고 예상되는 제품을 선택할 때 고객의 구매 불안은 높아졌다.

때론 충격요법이 약이다

평택에 있는 모 기업에서 품평을 위한 샘플을 전시했다. 참가업체마다 책상, 서랍, 의자를 1개씩 설치했다. 경쟁업체 샘플을 확인해보니 당사 제품 가격이 가장 높았다. 당사는 책정된 예산 금액 수준에 딱 맞는 수준에서 제품을 선정했다. 경쟁업체들은 낮은 가격을 무기로 품평회에 참가한 것으로 보였다. 책상과 서랍 디자인은 경쟁사와 비슷했다. 그런데 가격 차이가 제법 발생했다. 의자 가격은 더 큰 차이가 났다. 당일 샘플 전시는 그렇게 마무리했다.

이틀 뒤 구매 담당자와 미팅이 예정되어 있었다. 개인적으로 의자를 하나 더 준비 후 담당자를 만났다. 예상대로 의자 가격이 문제였다. 나는 담당자에게 잠시만 기다려달라고 했다. 그리고 주차장으로 내려갔다. 차에서 미리 준비한 의자를 내린 후 담당자에게 갔다. 담당자가 물었다.

"전시된 샘플과 같은 제품인 것 같은데요?"

"네. 맞습니다. 같은 제품입니다. 보여드릴 게 있어서 따로 준비했어요. 책상 위로 잠깐 올라가겠습니다."

나는 의자를 들고 책상 위로 올라갔다. 담당자에겐 책상에서 조금 떨어져 있으라고 말했다. 책상의 평균 높이는 72-73cm다. 의자를 들고 있던 높이를 고려한다면 바닥과 의자 바퀴는 최소 1m 이상의 높이였다. 들고 있던 의자를 그대로 수직 낙하를 했다. 의자 바퀴와 바닥이 부딪히는 큰 충격음이 들렸다. 의자는 멀쩡했다. 담당자는 놀란 표정이었다. 의자 바퀴든 뭐든 부러져야 하는데, 멀쩡했으니 놀랄 만도 했을 것이다.

다음으로 책상 하부를 보여줬다. 경쟁업체를 직접 비방하는 설명은 없었다. 경쟁업체의 책상과 당사의 책상 하부 결합 방식을 직접 비교해가며 설명했다. 내구성에 큰 차이를 주는 결합 방식이었다. 담당자는 연신 고개를 끄덕이며 수긍했다.

상담 중엔 눈치 있게 상황 판단을 해야 한다. 비유가 필요한 설명, 직관적인 설명이 필요할 때를 구분할 줄 알아야 한다. 고객은 눈으로 보면서 제품의 특징에 대한 설명을 원할 때도 있다. 만약 이런 때도 제품의 가치를 전달한다며 딴소리를 하면 고객은 수긍하지 않는다. 영업인의 모든 설득은 과정과 시기에 맞게 적절한 표현 방법이 요구되는 법이다.

낙하를 테스트한 의자는 현재까지도 사랑하는 큰아들이 사용하고 있다. 3년이 지난 지금도 멀쩡하다.

고객이 어떤 이유로 선택을 망설일 때는 좋은 방법이 있다. 망설이는 원인을 찾아 직접 테스트하는 모습을 보여주는 방법이다. 많이 사용하는 방법이 샘플 제시, 품평회 등을 활용한 시연이다. 데이터나 수치를 원하는 고객의 경우 일반적으로 샘플을 요청한다. 이럴 땐 샘플 수보다 따로 하나를 더 준비하는 편이다. 일반인이 사무 가구를 보면 전부 비슷하게 보인다고 한다. 차이점을 확인하는 방법이 있다. 이것은 내가 주로 사용하는 방법이다. 고객 앞에서 바로 '뒤집어보고, 잘라보고, 던져보는 것'이다.

경쟁사와 경합할 때 주로 사용하는 방법이었다. 이 방법은 경쟁사에서 문서 형식으로 제출한 데이터 자료를 무력화시키는 효과도 있다. 숫자로 표현된 문서와 직접 눈으로 확인하는 것 중 어느 것이 설득력이 있을까. 고객이 의심하고 불안해할 때 포인트를 콕 짚어서 직접 보여주면 상황이 깔끔하게 정리된다. 이런 실험을 할 때 중요한 것이 있다. 반드시 본인이 사전에 검증한 제품을 대상으로 해야 한다. 섣부른 호기로 덤벼들었다가 자칫 창피만 당할 수가 있다.

개인 고객이든 기업 고객이든 구매 불안 요소들은 거의 같았다. 생소한 브랜드일 때, 사용한 경험이 없던 상품을 제안받을 때, 구매의 규모가 클 때, 고액 계약일 때, 자신이 구매 결정으로 영향을 받는 사람들이 많을 때, 오랜 기간 사용하는 제품일 때 특히 그랬다. 이처럼 유형별로 분류하여 적절한 대응을 한다면 좋은 결과로 이어질 것이다.

개인 고객과 기업 고객 모두 구매 결정단계에서 좀 더 신중해진다. 최선의 결정을 한 건지, 더 나은 조건은 없는지를 한 번 더 판단하는 것이다. 이것은 구매를 위한 당연한 과정이다. 만약 이 단계를 극복하지 못하면 결정은 늦어지고, 심지어 구매 결심을 취소하는 경우가 발생한다.

영업인은 고객이 올바른 선택을 하고 있다는 확신을 줘야 한다. 결국, 고객이 확신을 가지는 정도에 따라 결정의 시간은 단축된다. 반드시 기억하자. 고객의 구매 불안 요소를 먼저 제거하라.

CHAPTER 7

나를 전문가로 완벽하게 세팅하라

프로 영업인은 만들어진다

장을 보기 위해 가족들과 마트에 갔다. 이리저리 물건을 보던 중 커다란 아이스크림을 보고 아이들이 소리쳤다. "아빠! 여기 와보세요. 커다란 아이스크림이 있어요."

나는 아이들이 있는 곳으로 갔다. 처음 보는 크기의 커다란 아이스크림이었다. 아이들이 원하는 아이스크림을 사서 함께 먹었다. 훌륭한 포장에 좋은 맛의 아이스크림이었다. 아이들이 아이스크림을 바로 선택한 이유는 포장이 훌륭했기 때문이다.

영업인도 마찬가지다. 고객에게 선택받기 위한 여러 종류의 무기가 있어야 한다. 자신을 멋진 모습으로 보이게 하는 것. 그중 하나가 포장, 즉 외모이다.

커뮤니케이션 전문가인 앨버트 메라비언 박사의 저서 『사일런트 메시지』에 유명한 '메라비언의 법칙'이 있다. 이 법칙의 내용은 한 사람이 상대방으로부터 받는 이미지는 시각이 55%, 청각이 38%, 언어가 7%에 이른다는 법칙이다.

이론에 따르면 상대방에 대한 호감 또는 비호감을 느끼는 데 상대방이 하는 말의 내용이 차지하는 비중은 7%에 그친다고 한다. 말의 영향은 아주 적다는 것이다. 반면에 말을 할 때의 태도나 목소리 등 말의 내용과 직접적으로 관계가 없는 요소가 93%를 차지한다. 이것이 상대방으로부터 받는 이미지를 좌우한다는 결과다.

많은 영업인은 고객을 위해 제품 정보를 상세히 전달한다. 그러나 결과는 참담하다. 단 7%의 정보만 전달하기 위해 쓰는 시간과 노력은 눈물이 날 정도다. 고객이 인식하지 못하는 것은 정보가 아니다. 차라리 그 시간에 책을 읽는 것이 낫다. 처음 만나는 고객이라면 시각과 청각을 활용한 정보 전달이 더욱 중요하다. 고객과의 첫 만남은 영업인의 첫인상으로 결정된다. 능력은 탁월한데 외모로 과소평가를 받는다면 억울한 일이다. 영업은 고객을 상대하는 직업이다. 일반인들보다 전문가답게 보이는 복장 연출도 필요하다.

2002년 F사에서 프레젠테이션 경진대회가 있었다. 본사, 지사, 전국 대리점 영업사원들이 참가하는 첫 번째 대회였다.

"이동현 사원! 대구지역 대표로 PT 대회에 참가하세요."
"네. 알겠습니다."

대답은 했지만 막막했다. 1달간 혼자서 슬라이드와 시나리오를 만들며 죽도록 연습했다. 예선을 통과하고 결선까지 진출했다. 본사에서 최종 결선이 있었다. 결과는 2등을 했다. 수상자들은 본부장님, 외부 평가위원들과 함께 점심 식사를 했다. 그 자리에서 외부 평가위원 중 한 분이 내게 말했다.

"이동현 사원. 영업사원은 외모에도 신경을 써야 합니다. 자신의 구두를 보세요."

내 구두를 봤다. 긁히고, 찍히고, 밟힌 자국들이 선명했다. 내가 신고 있던 구두가 이 정도로 지저분한지 몰랐다. 구두에는 관심이 없었다.
평가위원은, "영업사원의 첫인상은 고객에게 중요한 판단 기준이 됩니다."라고 말했다. 만약 평가위원이 고객이었다면 어땠을까. 구두 하나로 나의 첫인상은 비호감으로 기억되었을 것이다. 평가위원의 말씀 이후로

구두는 물론 외모까지 바꿨다.

지금까지 많은 영업인을 만나본 결과 의외의 사실을 알게 되었다. 자신의 외모에 관심이 적다는 것이다. 어떤 영업인은 이렇게 말했다.

"복장이 뭐가 중요합니까? 내가 활동하기 편하게 입으면 되는 거죠."

이런 부류는 고객을 배려하지 않는 영업인에 속한다. 자신의 외모에 최선을 다하지 않는 모습은 한심하게 느껴진다. 좋은 결과를 기대하는 것도 욕심이다.

나는 만나는 영업인마다 복장의 중요성에 대해 말한다. 특히 첫 만남에서 복장은 아주 중요하다. 영업인의 외모에 고객이 느끼는 반응은 무조건적인 반사에 가깝다.

────────── 1등 영업의 한 끗 차이 ──────────

무대에서는 누구도 도와줄 수 없다. 멋지게 해냈더라도 질의응답이 서툴렀다면 청중이 느꼈던 감동은 사라진다. 동료와 함께 질의응답 리스트를 만들어 준비하라. 탁월한 프레젠터의 9가지 조건을 기억하라. 첫째, 철저히 준비하라. 둘째, 멋진 오프닝으로 집중하게 만들어라. 셋째, 초점을 벗어나지 마라. 넷째, 긍정적인 단어만 활용하라. 다섯째, 확신을 심어주라. 여섯째, 열정적이고 성의 있게 말하라. 일곱째, 짧게 끊어 말하라. 여덟째, 적절한 제스처를 활용하여 시선을 집중시켜라. 아홉째, 강렬한 표현으로 기억에 남게 하라.

마키아벨리는 저서『군주론』에서 이렇게 말했다.

"어떤 사람인지는 알 수 없지만, 어떤 사람인 것처럼 보이게 할 수는 있다."

마키아벨리는 16세기에 이와 같은 메시지를 던졌다. 오늘날의 영업인에게도 가르침을 주는 글이라 생각한다. 사람 속은 모르지만 어떤 사람인지는 짐작할 수 있다는 뜻이다. 심지어 그 사람이 입은 옷과 스타일만으로 직업을 포함해 다양한 정보까지 예상한다.

외모가 밥 먹여준다

난 어릴 적 할아버지의 영향으로 군인이 꿈이었다. 그래서 대학생 3학년부터 ROTC 생활을 했다. 단복과 단모를 착용하고 007가방을 들고 다니면 자신감이 생겼다. 세상에서 가장 강한 남자가 된 느낌이었다. 당장 전쟁이 나도 주저 없이 전쟁터로 나갈 준비가 되어 있었다. 학교 일과가 끝나면 늦은 저녁까지 선배들로부터 '교육'을 받았다. 완전히 녹초가 될 때까지 교육은 계속되었다. 온몸이 아프고 힘들어도 단복을 다시 착용하면 자세가 달라졌다. 우선 행동과 말부터 조심한다. 단복은 학교 내에서 눈에 띄는 복장이다. 그래서 사소한 행동과 말에도 조심했다. 언제나 절도 있는 자세를 유지해야만 했다. 사람에게 복장이란 이런 것이다. 상대방의 평가와 함께 마음가짐과 태도까지 바꾸는 것이 외모와 복장이다.

영업인에게 전문가다운 이미지는 실력만큼 중요하다. 고객이 영업인과의 첫 만남에서 가장 먼저 느끼는 감정은 '호감'이다. 영업인의 외모, 복장, 말투, 자신감을 보고 느끼며 기억한다. 첫 만남이 호감으로 기억되면 다음 만남이 가능하다.

그렇다면 영업인은 복장을 어떻게 해야 할까? 솔직히 여기에 대해 정해진 답은 없다고 생각한다. 자신의 직업과 직종을 고려해 자신의 스타일에 맞게 입으면 된다. 다만 영업인이라면 단정하고 전문가다운 느낌을 연출하는 것이 필요하다. 이런 느낌을 내기 위해선 자신의 외모에 대해 어느 정도의 투자를 해야 한다. 저렴한 상품 2개를 구입할 바에 고급으로 1개 구매하는 것이 훨씬 좋다. 옷걸이가 아무리 좋아도 싸구려 기성복 슈트를 입으면 티가 나기 마련이다.

성공한 영업인의 이미지. 시대가 변해도 프로 영업인의 모습은 바뀌지 않는다. 영업인은 머리부터 발끝까지 자신감 넘치는 이미지로 만들어야 한다. 자신감 있는 모습을 만드는 데 이런 것이 도움이 된다. 세련되고 깔끔한 복장, 구두, 넥타이, 서류 가방 등.

자세를 바로 해야 한다. 허리는 언제나 바로 세우자. 꼿꼿한 자세에서 좋은 성량이 나온다. 어깨를 펴자. 어깨를 움츠리면 위축된 모습으로 보인다. 당당한 자세로 고객을 만나자.

이민규 작가의 저서 『끌리는 사람은 1%가 다르다』에 실린 글이다.

"신은 너의 내면을 보지만 사람들은 너의 겉모습을 먼저 본다."

세상 사람들을 신이라 착각하지 마라. 사람들은 겉모습을 보고 판단한다. 자신을 가꾸지 않은 채 내면이 중요하다는 말은 하지 않기 바란다. 자신을 가꾸고 성공하는 모습으로 비춰야 고객이 신뢰한다. 상대의 성공한 모습을 보고 신뢰감을 느끼는 건 인간의 본성이다. 고객은 최고의 영업사원에게 구매하길 원한다.

'당신은 영업인인가?' 그렇다면 먼저 자신의 외모부터 점검하자. 영업은 내면은 물론 외모까지 책임지는 직업이다. 자신감과 전문성이 느껴지는 영업인의 외모는 고객에 대한 배려다. 고객은 승자에게 끌린다. 매력적으로 포장된 상품이 잘 팔리는 법이다. 그러므로 당신을 전문가의 이미지로 세팅하라.

PART 5

최고의 영업인은
'을'이 되지 않는다

CHAPTER 1

고객을 나의 팬으로 만들어라

특별함이 팬을 만든다

맥주를 즐기는 사람이라면 '브루독'을 알 것이다. 고객과 주주를 열렬한 팬으로 만든 스토리에는 브루독이 있다. 나는 브루독에 대해 알아갈수록 매력을 느꼈고, 브루독의 가치에 매료돼 팬이 되었다.

유럽에서 가장 잘 나가는 수제 맥주회사는 '브루독'이다. 크라우딩 펀딩으로 모인 9만 명의 주주들은 브루독의 열성 지지자들이다. 주주들이 열성 팬이 된 이유는 다른 회사에선 볼 수 없는 특별한 주주 대우방식 때문이다. 브루독은 고객들을 팬으로 만들고, 팬들을 주주로 만들었다. 그리고 주주들에게 최고의 대우를 했다. 이후 세계에서 가장 많은 열성 지지자의 주주를 가진 회사가 되었다. 펀딩할 때마다 성공하고 주주들이 열성 지지자가 된 이유가 있었다. 주주가 되면 엄청난 혜택이 있다. 맥주 하나로 전 세계에서 이처럼 열광하는 팬들을 거느린 기업에는 이유가 있다. 브루독을 처음 접했을 때 느낌은 신선함을 넘어 충격이었다. 주주를 대우하는 방식을 보면 나도 주주가 되고 싶었다. 정말 대단했다. 초기에 사업을 시작하려 했지만, 자금이 부족했다. 크라우딩 펀딩으로 투자금을 마련했다. 펀딩에 참여한 주주들에게 투자한 금액과는 비교할 수 없는 가치로 보답한다는 사실에 감동했다.

맥주 하나로 전 세계 주주들과 소비자들이 열광하는 이유는 무엇일까? 맥주만 판매했다면 후발 업체의 핸디캡을 벗어나지 못했을 것이다. 내가 생각하는 브루독의 성공 요인은 4가지였다.

첫째, 브루독만의 개성 있는 문화를 만들었다.
둘째, 주주와 고객에게 지속적인 가치와 이익을 전달했다.
셋째, 혁신적인 아이디어로 맥주에 대한 고정관념을 바꿔 글로벌 브랜드로 자리 잡았다.
넷째, 열렬한 팬들이 브루독에 자부심을 가지는 방법들을 활용했다.

4가지의 공통점은 카피할 수 없다는 것이다. 많은 시간과 꾸준한 노력을 투자해야 결과를 얻을 수 있다. 그리고 고객이 기대하는 이상의 가치를 제공했다. 대규모 자본만 투입하면 해결되던 마케팅 기법을 비웃는 듯 보였다.

브루독은 브랜드에 가치를 더한 대표적 사례다. 고객은 가치 있는 브랜드를 선호한다. 영업인도 자신만의 브랜드를 만들어야 한다. 직장생활을 할 때 P상무님이 하신 말씀이 문득 생각난다.

"영업사원은 자신만의 향기를 가져야 해. 너를 만나면 기억에 남는 그런 향기."

팬은 또 다른 팬을 만들어준다

2008년 서울 강남에 외국계 기업이 설립되었다. 계약 후 20일 뒤 사무가구 납품이 진행되었고, 며칠에 걸친 공사는 원활히 마무리되었다.

다음 날 고객사 B대표로부터 연락이 왔다. 회의실 테이블 높이가 맞지 않는다는 것이다. 현장으로 가서 확인했다. 길이가 4,800mm의 테이블이었다. 길이로 인해 상판은 2개로 분리된 제품이었다. 2개의 상판 이음새 부분에서 높낮이에 차이가 발생한 것이다. 육안으로는 식별이 되지 않을 정도의 차이였다. 까다로운 고객이라 생각했다. 회의실 바닥에 컨트롤 박스가 있었다. 테이블 다릿발에 간섭이 발생해 나타난 현상이었다.

이유를 설명했지만 테이블 교체를 요구했다. 며칠 후 신품으로 시공을 했지만 같은 현상이 발생했다. 나는 어차피 교체해도 소용이 없다는 사실을 알고 있었다. 단지 고객의 클레임을 수용한다는 성의를 보이고 싶었다. 그런데 또다시 교체를 요구하는 것이다. 하는 수 없이 침착하게 다시 설명했다.

"대표님. 제품하자가 원인이 아닙니다. 컨트롤 박스가 다릿발을 간섭해 발생한 것입니다."
"그럼 인테리어 공사를 다시 하라는 말씀인가요?"

B대표가 내게 따지듯 말했다.

"대표님, 이 공간에서는 테이블 위치를 변경할 수 없는 구조입니다. 방법은 한 가지입니다. 컨트롤 박스 위치를 옮기는 것입니다. 이 방법 외에 좋은 생각이 있으시다면 말씀해주세요. 원하시는 대로 조치하겠습니다."

결국, B대표는 3번째 제품 교체를 원했고 그의 요구대로 다시 교체했다. 정말이지 한숨만 나왔다. 3번째 제품 시공이 끝난 뒤 B대표가 집무실로 불렀다.

"실장님. 하실 만큼 하셨으니 저희도 이해하겠습니다. 감사합니다."

난 기분이 상할 만큼 상했지만, 그 말을 들으니 마음은 놓였다. 나의 잘못도 제품하자도 아니었다. 하지만 고객의 불만은 어떻게든 해결해야겠다는 생각뿐이었다. 그나마 다행이라 생각했다.

며칠 후 사무실로 우편물이 도착했다. B대표가 보낸 오픈식 초청장이었다. 외국계 기업이라 오픈식이 특이했다. TV에서 본 것처럼 뷔페 음식들이 준비되어 있었다. 우리나라 사람들과 다양한 외국인들이 선 채로 음식을 먹으며 대화 중이었다. 난 아는 사람이 없어 혼자 서 있었다.

B대표가 마이크를 들고 방문객들에게 감사 인사 후 행사를 시작했다. 그런데 내 이름이 들렸다.

"저기 계신 분은 이동현 실장이라고 합니다. 우리 회사를 멋지게 만들어주신 분이죠. 여기를 한번 둘러보세요. 멋지지 않습니까. 이동현 실장은 지금까지 경험해보지 못한 세일즈맨이었습니다. 여러분께 감동을 드릴 겁니다. 명함을 꼭 받으세요."

'아니, 이게 무슨 상황인가!' 싶은 순간 여러 참석자가 내게 다가와 명함을 달라는 것이다.

그날 이후 B대표의 소개로 행사에 참석한 기업들과 인연을 맺게 되었다. 그리고 B대표와는 호형호제하는 사이가 되었다. B대표는 교포 2세였

고 당시 30대 후반의 능력 있는 CEO였다. 처음에는 문화와 사고방식에 차이가 커 어색한 관계로 시작했지만 이후 친해질 수 있었다. B대표와 친해진 후 공사 당시 황당한 요구를 한 이유에 대해 물었다.

"형을 알고 나니 그럴 사람이 아닌데. 그때 왜 그랬어. 내가 얼마나 힘들었는지 알기나 해."

"동현아. 미안했어. 그땐 한국에 온 지가 얼마 되지 않았거든. 회사를 세팅하기 위해 처음부터 끝까지 책임져야 했어. 사람을 믿지 못했던 것 같아. 한국에 와서 처음 믿었던 사람이 너였어. 고맙다 동현아."

B대표는 한국에서 근무하는 5년 동안 나의 형님이 되었다. 그리고 거래처들을 소개해주는 든든한 파트너 역할을 해줬다. 서로의 소중한 팬이 되었다.

지금까지 많은 고객과 만나고 헤어졌다. 고객이 내게 마음을 여는 것은 상품 때문이 아니었다. 고객은 상품이 필요할 때 구매하면 그만이다. 나를 선택하게 만들어야 한다. 그러기 위해선 내가 고객이 되었을 때의 마음을 기억해야 한다. 고객의 입장에서 생각해야 한다. 그러면 보지 못했던 것을 볼 수 있다.

영업도 사람과 사람이 만나는 것이다. 고객도 사람이다. 이성적인 판단을 한다 해도 진실함을 느낀다면 감정은 흔들린다. 고객도 관심받기 원하고 영업인이 솔직하게 대해주길 원한다.

　세일즈 스킬이 아무리 뛰어나도 진정성이 없다면 고객을 속이는 것이다. 영업의 핵심은 진심을 담은 소통이다. 고객이 있어야 한다. 절대 혼자 성공할 수 없다. 고객을 진심으로 대하자. 고객과 함께할 때 영업인은 빛난다. 고객은 진심을 담은 노력에 감동한다. 그리고 당신의 열렬한 팬이 될 것이다.

CHAPTER 2

배움에 돈을 아끼지 마라

목표의 성취는 배움에서 시작된다

나는 배우는 것에 호기심이 많았다. 지금 하는 일, 미래에 하고 싶은 것과 관련해 도움이 되겠다 싶으면 어디든 배우러 다녔다.

직장생활을 할 때 선배로부터 A사의 네트워크 사업을 소개받았다. 나는 네트워크 마케팅에는 관심이 없어서 활동하지 않았다. 오히려 센터에서 판매하는 동기부여 CD와 도서들을 좋아했다. 강연가들의 동기부여 자료들이 많았다. 마음에 드는 자료들은 모두 구매했다. 운전 중에 듣고 퇴근 후 들으면서 스스로 동기부여를 했다. 괜찮은 CD는 지인에게 선물했다. 선물을 받은 지인들은 비슷한 반응이었다. 내가 다단계에 빠진 게 아니냐고 되레 물었다.

퇴근 후에는 세일즈 교육, 창업 세미나에 찾아다녔다. 직장인이기 때문에 불필요한 오해를 사는 일이 없도록 조심했다. 상사는 물론 동료들에게도 말한 적이 없었다.

많은 것을 배우고 싶어서 여러 곳을 찾아다녔다. 의욕을 가지고 꾸준한 학습을 하니 나만의 판단 기준이 생겼다. 같은 분야라도 전문가와 비전문가를 구분하는 능력도 생겼다. 세미나를 다니다 보면 부실한 콘텐츠에 실망할 때도 있었다. 대부분의 참가자는 비슷한 목적으로 온 사람들이었다. 뭔가를 배우고 발전시키려는 목표가 있는 사람들이었다. 행사가 끝나고 이들과 명함을 교환했다. 인사를 하고 자신이 하는 일을 소개하면서 비즈니스의 출발점을 만들었다.

배우고 싶은 것이 있다면 전문가에게 배우는 것이 정답이었다. 전문가에게 배운다는 건 비용도 만만치 않다는 의미다. 하지만 자신을 위해, 미래를 위해 부담되는 금액이라도 기꺼이 배웠다. 그때 배웠던 것들은 여전히 소중한 재산으로 남아 있다.

배움의 중요성에 대한 헨리 포드의 명언이 있다.

"지위 향상을 위해 재산을 아끼지 마라. 젊은이가 해야 할 일은 돈을 모으는 것이 아니라 그것을 사용하여 장차 쓸모 있는 사람이 되기 위한 지식을 모으고 훈련하는 것이다. 은행에 넣어둔 돈은 당신에게 아무것도 주지 못한다. 당신의 돈을 써라."

결혼 전까지 수입 대부분은 배우는 데 지출했다. 사업을 하면서도 배움에 게을리하지 않았다. 듣고 싶은 강의가 있으면 지인들에게 함께 가보자고 말했다. 사람은 달랐지만, 반응은 하나같이 비슷했다.

"왜 굳이 큰돈 주고 배워요? 책만 봐도 되잖아요. 그럴 돈 있으면 술이나 마실래요. 난 그런데 안 갑니다."

그래서 주변 누구에게도 좋았던 강의나 세미나는 추천하지 않았다. 아무리 좋다고 말해도 이해하지 못했다. 그 사람들이 배우고 싶은 것들은 따로 있었다. 헬스, 독서, 외국어 학원 등. 나와 함께 배워보자고 한 것에 그들은 흥미가 없었다. 필요성을 느끼지 못했기 때문이라 생각했다. 배우고자 하는 목적이 다르니 그들의 의견을 존중했다. 중요한 것은 부족하고 필요하다 느낄 때 찾아가서 배우는 자세라 생각한다.

통장에 넣어두는 돈, 주식에 투자하는 돈도 중요하다. 어차피 투자하는 돈이면 자신에게 투자하는 것이 가장 안전한 방법이라 생각한다. 자신에게 투자하는 건 환산할 수 없는 수익으로 돌아온다. 그리고 자신에게 투자한다면 한 살이라도 젊을 때가 좋다. 젊었을 때 배워둔 지식은 나이가 들면서 점점 성숙하는 법이니까.

배움에 게으른 사람 가운데 자기 분야에서 최고가 된 사람은 없다. 그저 평범하게 살 뿐이다. 평범한 삶을 살고 싶지 않으면 배워야 한다. 끊임없이 배우고 발전해야 한다.

원하는 분야에서 성공하고 싶다면 먼저 성공한 선배들에게 조언을 구하면 된다. 성공하고 싶다면 성공한 사람과 함께 하면 된다. 자신의 분야에서 최고가 된 사람은 일반인들과 의식 자체가 달랐다. 자신의 분야에서 성공한 사람들의 특징이 있었다. 보통 사람은 이해하기 힘들 정도로 사고방식이 다르다는 것이다. 이 사실은 배우면 배울수록 확인된 사실이었다. 성공하고 싶다면 성공한 사람의 의식부터 배워야 한다.

난 직장생활과 사업을 하는 기간 모두 세일즈를 했다. 세일즈를 하면서 다양한 사람을 만났고, 세일즈를 통해 인생을 배웠다. 커다란 성공과 뼈아픈 시련을 모두 겪었다. 경제적 문제로 가족이 헤어질 만큼 힘들었던 시기도 있었다. 정말이지 죽을 만큼 힘들었다. 하지만 다시 일어섰다. 내가 배웠던 것들을 활용해 반드시 성공할 수 있다는 믿음이 있었다.

'싼 게 비지떡.'이란 말이 있다. 배움에 싼 것만 찾다가 돈만 쓴 적도 많았다. 최고에게 배우기 위해 비싼 가격을 지불했다. 배움의 가격이 비싼 것에는 이유가 있다. 최고에겐 특별한 노하우가 있다. 한 번에 빠르게 배울 수 있다. 그것도 기대했던 수준 이상의 결과를 얻는다. 고가의 제품은 잃어버리면 찾을 수 없다. 하지만 최고에게 배운 지식은 죽을 때까지 써먹을 수 있다. 자신을 사랑한다면 배움에 인색하지 마라. 몇 배의 가치로 돌아올 것이다. 지금까지 경험했기에 난 이 사실을 믿는다.

『배움을 돈으로 바꾸는 기술』을 쓴 이노우에 히로유키도 이렇게 말한다.

"배우는 데 투자를 아끼지 마십시오. 반드시 참석해야겠다는 느낌이 들면 그 세미나에는 무슨 수를 써서라도 가보는 것이 좋습니다. 어떠한 강연회나 세미나가 당신을 끌어당긴다면, 그곳에는 반드시 당신이 필요로 하는 무언가가 있습니다. 시간이 없다면 시간을 만들어 투자하고, 돈이 없다면 대출해서라도 그곳에 존재하는 그 무언가를 확인해보길 바랍니다."

다행히도 난 저자가 말한 삶을 실천하며 살아가고 있다. 습득했던 배움 가치는 엄청난 이자로 돌아올 것으로 믿는다. 그렇게 되도록 할 것이다.

언제부턴가 나의 경험을 책으로 쓰겠다는 생각을 했다. 단순한 세일즈 스킬이 아닌 성공과 실패를 모두 경험한 사람, 직장 세일즈맨과 개인사업 세일즈맨, 자영업자 모두 공감하는 책을 써보고 싶었다. 그리고 지금 책을 쓰고 있다.

젊었을 때 배워라

책을 쓰기 위해 먼저 배워야 했다. 내가 선택한 곳은 '한책협'이란 곳이다. 책 쓰기 코칭 수업을 하는 곳 중 '한책협'이 독보적인 1위였다. 주저 없이 '한책협'을 선택했다. 내게 필요한 모든 과정을 이수하는 데 수천만 원의 비용이 들었다.

생각보다 큰 비용이었고 부담이 되었다. 그렇지만 충분히 투자할 가치가 있다고 생각했다. 책 쓰기를 배우러 왔다가 '한책협'에서 더 많은 것을 배웠다. 가슴 뜨겁게 열정을 불러오는 일은 일상이 되었다. 함께 배우는 작가들도 그동안 몰랐던 자신의 잠재력을 알게 됐다.

누군가는 이런 내 모습을 이해하지 못할 것이다. '미친 거 아냐? 수천만 원을 내고 배울 게 뭐가 있어?'라고 생각할 것이다. 일할 때도 이런 말을 들었다. 난 미쳤다는 소리를 좋아한다. 자기 일에 미쳐야 최고가 될 수 있다. 내가 '한책협'을 좋아하는 이유는 '꿈에 미친 사람'들만 모여 있기 때문이다.

수강료를 지불하고 배우는 것도 '투자'라 생각한다. 지금 수천만 원의 수업료를 투자하면 매달 수천만 원의 고정수입으로 돌아올 것이다. 이 정도면 훌륭한 수익률이 아닐까. 앞으로도 최고에게 배운다면 이 정도의 투자는 감수할 것이다. 내가 생각하는 '배움에 대한 투자'는 이런 것이다.

책 쓰기를 배우며 존경하게 된 사람이 있다. 바로 '한책협' 김태광 대표다. 김태광 대표의 시련과 역경은 많은 이들에게 감동을 주었다. 그리고 그는 지금 100억대의 자산가로 자수성가했고 대한민국 최고의 책 쓰기 코치가 되었다. 그는 수강생들에게도 많은 명언을 남겼다. 그중 배움과 관련한 명언을 소개한다.

"인생은 시간이다. 시간이 전부다. 시간을 벌어라. 인생에서 가장 중요한 것은 돈이 아닌 시간이다. 내가 어떤 꿈을 향해 나아가고자 한다면 그 꿈을 먼저 이룬 사람을 찾아가 비용이 얼마가 들더라도 배워라. 그렇게 벌어놓은 세월 안에서 모든 것을 하라. 돈은 잃어도 되지만 시간은 절대 잃어서는 안 된다. 시간이 없다면 아무것도 할 수 없다."

김태광 대표는 최고가 되려면 최고에게 배워야 한다고 말한다.

가진 돈이 많아도 배울 수 있는 시기를 놓치면 후회한다. 모든 사람에게 주어진 시간은 절대적이다. 같은 세상 속에서 누가 시간을 가치 있게 활용하느냐에 따라 미래는 결정된다.

자신에게 투자를 꺼리는 사람은 자신을 믿지 못하는 사람이다. 어떻게 해서든 안 되는 방법만 찾는 것이다. 지금의 내 모습은 내가 생각하고 결정한 결과다. 이제는 바꿔야 한다. 정말 최고가 되고 싶은가? 빨리 성공해서 원하는 삶을 살고 싶은가? 그렇다면 최고에게 배워라. 그것이 가장 빠르고 정확한 방법이다.

충성고객에 집중하라

충성고객에게 충성하라

거래처의 부서에 클레임을 접수하는 인바운드팀이 있었다. 근무 중인 텔러들끼리 불만 고객 응대가 힘들다는 이야기를 하고 있었다. 직원들은 CS 교육과정에서 배운 내용을 말하는 것 같았다.

"고객 한 명이 만족하면 다른 고객 6명에게 소개를 해준대. 그런데 불만을 가진 고객 한 명은 12명의 사람에게 불만을 말한대."

직원들끼리 말한 내용이었지만 내겐 남다른 느낌이 들었다. 그땐 나의 실수로 소중했던 고객들이 등을 돌린 지가 얼마 되지 않은 때였다. 직원들의 이야기는 나의 실패를 두고 하는 말 같았다.

난 사업을 하면서 큰 실패를 경험했다. 살던 집은 경매에 넘어갈 위기에 처했다. 자식들이 다니던 학원은 모두 끊었다. 가족이 먹고살아야 할 삼시 세끼 쌀과 반찬조차 부족했다. 사업을 시작했을 때의 뜨거웠던 열정과 초심은 모두 사라졌다. 목표도 없이 어디로 가야 할지 방황만 했다. 무기력한 생활만 계속되었다. 몸에는 피로가 쌓일 만큼 쌓였고, 아무것도 할 수 없었다. 나의 잘못도 모른 채 세상 탓만 하며 살던 대가가 그렇게 클 줄은 몰랐다. 그때의 처절했던 경험을 지금까지 잊어본 적이 없었다. 나로 인해 가족은 힘들어졌고 부모님의 시름은 깊어졌다. 혼자 숨어서 수도 없이 울었다. 나는 어떻게 돼도 상관없으니 가족만이라도 살게 해달라며 하늘에 빌었다.

몇 개월이 지난 후 겨우 정신을 차렸다. 내겐 반드시 성공해야만 하는 이유가 있었다. 그리고 두 번 다시 같은 실수를 하지 않겠다고 다짐했다. 만약 실패한 경험이 없었더라면 내 인생의 가치도 몰랐을 것이다.

사업을 다시 시작하고 기존 고객들은 나와 거래를 했다. 기존 고객들로부터 발생한 매출 덕분에 빠른 기간에 자리 잡을 수 있었다. 쓰러지고 일어났을 때도 예전의 고객들은 나를 선택해주었다. 그들은 나를 적극적으로 도와주는 충성고객들이었다. 내게 그들은 고객 이상의 존재였다.

몇 년간 불경기가 계속되고 있다. 자영업자들의 폐업은 늘어나고 체감 경기는 나아질 기미가 보이지 않는다. 이럴 때일수록 충성고객과 기존 고객에게 더 많은 노력과 시간을 투자해야 한다. 불경기가 되면 충성고객들의 지갑도 쉽게 열리지 않는다. 하지만 호경기가 되면 예전의 충성고객으로 다시 돌아오게 된다.

고객이 이유 없이 충성고객이 되는 경우는 없다. 충성고객은 영업인이 만들어가는 것이다. 단기간에 충성고객을 만들 수는 없다. 고객과 영업인의 지속적인 소통을 통해 신뢰가 쌓여야 가능하다.

6년 동안 거래하는 고객사가 있었다. 회사를 설립할 때부터 거래를 시작했다. 고객사는 빠른 속도로 성장해서 발주물량이 꾸준히 증가했다. 거래처 관리와 상담을 위해 고객사를 방문하는 횟수가 잦아졌다. 방문 횟수가 늘어나니 평사원부터 임원들까지 지속해서 친분을 유지할 수 있었다. 실무 담당자들과는 서로의 마음을 터놓고 이야기할 수 있는 관계가 되었다. 거래 기간이 6년 정도면 다른 업체에도 관심을 가질 만하다. 그런데도 여전히 꾸준한 거래가 이뤄지고 있으니 소중한 고객이었다.

많은 업체 중에서 나를 선택했다. 고객과 꾸준한 거래가 이뤄지는 데는 원인이 있었을 것이다. 나는 그 이유를 알고 있다. 마찬가지로 자신을 지지하는 충성고객이 있다면, 영업인 당사자가 이유를 가장 잘 알고 있을 것이다.

충성고객은 마케팅에서도 강조한다. 만약 충성고객이 없다면 매출 대부분을 신규 고객과 일반 고객으로부터 창출해야 한다. 충성고객 없이 원하는 실적을 기대하는 건 무척 힘든 일이다.

매달 100이란 목표를 달성해야 한다고 가정해보자. 0에서 시작하는 것보다 30에서 시작하면 훨씬 수월하다. 그것도 매달 고정적으로 30이란 숫자가 받쳐주면 새로운 일에도 집중할 수 있다. 따라서 충성고객은 많을수록 좋다.

충성고객은 기본 매출을 만들어주는 중요한 고객이다. 기본적으로 창출되는 매출이 많을수록 높은 수익을 보장한다.

충성고객은 영업인의 관점에서 효율성도 좋다. 신규 고객을 만들기 위해서는 시간, 돈, 노력 등 많은 투자가 필요하다. 충성고객은 이미 영업인을 신뢰하고 있다. 신규 고객 창출보다 효율성이 좋다고 해서 충성고객에 대한 관심도가 떨어지면 안 된다. 충성고객에게는 항상 집중해야 한다. '고객님을 잊지 않겠습니다. 감사합니다.'와 같은 의미를 담은 이벤트 정도로 충분하다. 감사 전화, 인사 전화, 행사 초청, 명절 선물, 신제품 소개 등을 활용해 충성고객과의 접점을 유지하면 된다.

충성고객을 외면하는 건 배신과 같다

고객 상담 중에 인테리어 공사를 의뢰하는 때도 있다. 공사를 의뢰하는 고객에게는 M사라는 인테리어 업체를 소개했다. M사는 실적도 그저 그런 직원이 2명뿐인 소규모 업체였다. M사 대표는 의뢰한 일들을 성실히 잘할 수 있다고 약속했다. 믿음이 가지는 않았지만 여러 가지 일을 맡기게 되었다. 2년 동안 M사에 소개해준 공사금액은 7억 정도 되었다. 소개하는 공사를 통해 내가 얻는 이익은 전혀 없었다. 시작할 때부터 기대한 것도 없었다. 어차피 내가 할 수 없는 부분이기에 소개를 한 것뿐이었다.

한동안 M사는 맡은 일들을 잘해주었다. 얼마 지나지 않아 공사를 진행하면서 고객사들과 잦은 마찰을 일으켰다. 어느 순간부터 고객사에 사과하는 건 먼저 소개해준 내 몫이 되어버렸다. 하지만 M사는 단 한 번의 사과도 없었다.

이런 일이 잦아지니 소개를 해주고도 M사의 하청 업체가 된 느낌이었다. 고객사와의 난처한 관계, 파트너 업체 대표로서 무책임한 태도로 당사의 비즈니스에도 피해가 있었다. 더 이상의 관계를 유지하기 힘들었다. 다음부터는 다른 업체로 교체했다. 얼마 후 연락도 없던 M사 대표로부터 연락이 왔다.

"실장님. 요즘 연락이 뜸하시네요?"

난 대답도 하지 않은 채 전화를 끊었다. 잘못된 파트너십으로 더는 고객사에 피해를 주기 싫었다.

이후 M사와 더 이상의 파트너십은 없었다. 난 스스로 M사의 충성고객이라 생각했다. M사는 한 명의 충성고객을 잃었다. 충성고객의 시각에서 보니 영업인의 잘못된 행동은 배신감까지 느낄 수 있다는 생각이 들었다. 충성고객으로 만들기는 어렵지만 돌아서는 건 한순간이다.

영업인으로서 더 큰 성장을 원한다면 고객의 불만에 익숙해져야 한다. 불만 고객조차 충성고객으로 만들어버리는 탁월한 영업인이 되어야 한다. 충성고객으로부터 사랑받길 원한다면 그들을 향한 관심만으로는 부족하다. 충성고객이 전달하는 의견을 존중하고 경청해야 한다. 일반 고객보다 더욱 특별한 대우를 받는다고 느끼게 해야 한다.

충성고객은 추가 수익을 발생시켜주는 사람이다. 영업인의 기본 매출에 부가적인 매출을 발생시키는 중요한 역할을 한다. 그리고 주변인들에게 적극적으로 소개한다. 진정한 '바이럴 마케팅'은 충성고객들로부터 시작된다. 이들의 입소문은 모든 광고, 언론 기사들을 무력화시킬 정도로 강하다. 10명의 신규 고객보다 1명의 충성고객이 영업인의 든든한 파트너가 될 것이다.

CHAPTER 4

정직을 목숨처럼 생각하라

정직은 확신으로부터 나온다

영업을 해본 사람이라면, 자신이 제안하는 상품이 고객에게 적합하지 않았던 상황을 경험했을 것이다. 이런 경우 영업인은 하던 설명을 잠시 멈춰야 한다. 고객이 올바른 판단을 할 수 있도록 솔직하게 말해야 한다. 실적에 대한 욕심 때문에 적합하지 않은 상품으로 설득하면 안 된다.

어떤 고객은 단 한 번의 전화로 "이 제품으로 구매할게요."라고 말한다. 영업인으로서는 고마운 고객이다. 알아서 사겠다고 하니 계약만 하면 되니 말이다.

이런 고객으로부터 연락을 받으면 방문 상담으로 진행한다. 신규 고객인 경우 반드시 만나는 것을 원칙으로 한다. 고객이 원하는 것이 적합한 제품인지, 공간에 맞는 제품인지, 제품의 컬러와 인테리어와 조화를 이루는지, 다양한 검토를 한다. 적합할 것으로 판단되면 다행이지만, 그렇지 않으면 고객에게 다른 정보를 제공한다. 다른 제품을 제안하든 타사 제품을 소개하든 조건에 맞는 제품들로 변경한다. 어떤 때는 고객이 원하는 제품을 사용할 경우, 사용자의 불편함이 예상될 때도 있다. 이럴 땐 솔직하게 적합한 제품이 아니라는 것을 말한다.

고객에 따라 반응은 달랐다. 감사하다며 아쉬워하는 고객도 있고, 나의 반응을 이상하게 보는 고객도 있었다. 하지만 고객이 보이는 반응과는 별개로 불편한 제품을 제공할 순 없는 것이다. 계약과는 상관없는 이런 시간이 아깝기는 하지만 신경 쓰지 않는다. 고객 기억 속에 진솔한 영업인의 모습이 남아 있을 것이란 믿음이 있다.

영업인이라면 판매하는 상품에 확고한 신뢰가 있어야 한다. 상품이 고객에게 이익을 준다는 믿음도 있어야 한다. 그래야 자신 있게 영업을 할수 있다. 영업인이 판매하는 상품에 신뢰하는 것, 상품에 전문가 수준의 지식을 가지고 자신 있게 고객을 대하는 것이 영업인이 가져야 할 자세라 생각한다.

나 또한 공급받는 일부 제품 중 품질과 서비스를 신뢰하지 못하는 것들이 있다. 내가 신뢰하지 못하는 제품은 고객에게 제안조차 하지 않는다.

고객이 구매 의사를 표시하더라도 정확한 정보를 전달한다. 그리고 최종 선택은 고객에게 맡기는 편이다.

자신의 상품을 최고라 확신하지 못하는가? 만약 'Yes'라 답한다면 다른 상품을 알아봐야 한다. 상품에 대한 신뢰가 없다면, 영업을 잠시 중단하는 것도 고민해야 한다. 이런 상황에서 고객에게 영업하는 행위는 죄를 짓는 것과 같다. 영업인이 신뢰하지 못하는 상품을 고객에게 판매할 순 없지 않은가. 이런 행위는 고객과 영업인 모두에게 도움이 되지 않는다. 영업인은 자신과 고객 모두에게 정직해야 한다. 그래야 원하는 결과를 기대할 수 있다.

회사와 상품에 대한 믿음이 있어야 정직한 영업을 할 수 있다. 세상에 완벽한 것은 없다. 업계 1위의 제품에도 약점이 있다. 상대의 약점을 나의 강점으로 바꾸는 능력이 있어야 한다.

상품에 대한 신뢰는 상담에 임하는 영업인의 태도까지 영향을 준다. 영업인의 이런 태도는 고객에게 자신감으로 보이게 된다. 자신감은 고객 설득을 위해 요구되는 기본적인 자세다. 정직함은 자신감의 바탕이 된다. 정직함을 기본으로 상담에 임하는 것은 자신과 고객 모두에게 도움 되는 일이다.

영업인 중에서 정직하지 못한 사람도 봤다. 영업인이 가져야 할 자세는 부족했지만, 성과는 탁월했다. 그 사람이 단시간에 큰 수입을 얻는 모습도 봤다. 잠시 부럽다는 생각도 했다. 그 사람에게 내가 미처 몰랐던 능력이 있는 것처럼 보였다. 하지만 계약을 완료하고 거래가 종료되면 그걸로 끝이었다. 자기 관리에는 관심이 없었다. 큰 수입으로 무절제한 생활을 했다. 그의 성공은 1년을 버티지 못했다. 고객 앞에서는 정직한 척, 성실한 척했지만, 실제 생활은 그러지 않았다. 정직함과 자기 관리를 포기한 대가는 고스란히 본인에게 돌아간 것으로 보였다.

거래처 중에도 정직하지 못한 영업인과 거래한 고객이 있다. 도움이 필요할 때 대부분 연락되지 않았다고 한다. 책임감 없고 정직하지 못한 영업인으로 인해 고객들은 불편함을 경험했다. 이런 고객들을 대할 땐 더욱 조심스럽다.

한순간 고객을 속일 수는 있다. 그러나 언젠가는 드러난다. 정직함과 책임감이 없다면 오래가지 못한다. 그런 영업인은 가는 곳마다 처음이자 마지막 영업이 될 것이다.

정직한 영업이 고수를 만든다

나는 자신의 분야에서 탁월한 성과를 내는 영업인을 존경한다. 경력과 나이, 업종에 상관없이 존경한다. 고수 대부분은 영업을 통해 인생을 깨달은 사람들이다. 고객에 대한 정직함이 없으면 높은 성과가 나올 수 없기 때문이다. 사람의 첫인상은 중요하지만 그것은 바뀔 수 있다. 한편 영업인이 정직하다는 사실을 알기까지 시간이 걸린다. 하지만 영업인의 정직함을 느끼게 되면 전폭적인 신뢰를 보낸다.

고객은 구매 전 견적서를 통해 금액을 확인한다. 당사와 거래 중인 고객사는 제품 먼저 구매 후 견적서를 요청하는 곳도 있다. 가격을 보지 않고 주문하는 것이다. 고객이 영업인에 대한 신뢰가 없으면 불가능한 일이다. 고객과 이 정도 수준의 신뢰를 쌓는 과정은 쉬운 일이 아니다. 오랜 시간과 노력이 있어야 가능하다. 견고하게 만들어진 신뢰는 쉽게 무너지지 않는다.

경쟁업체들과의 경합은 일상이 되었다. 빼앗고 빼앗기고, 총만 없을 뿐이지 전쟁터나 다름없다. 어려운 상황에서도 신뢰가 쌓인 고객사 담당자들은 든든한 바람막이 역할을 해주고 있다. 고객에게 지지를 받기 위해서는 영업인이 먼저 정직해야 한다. 내가 정직해야 고객이 신뢰하게 된다. 시대가 바뀌어도 인간이 지켜야 할 가치는 바뀌지 않는다.

「마태복음」에서 예수는 "무엇이든지 남에게 대접을 받고자 하는 대로 너희도 남을 대접하라."라고 말한다. 비즈니스에서도 동일한 법칙이 적용된다. 우리가 받고 싶은 만큼 고객에게 먼저 보여줘야 한다. 영업인은 고객에게 '제발 저를 믿고 구매하세요.'라고 마음속으로 말할 것이다. 고객에게 신뢰를 요구하는 만큼 우리가 먼저 정직해야 한다.

최고의 영업인은 세 치의 혀로만 영업하지 않는다. 그들은 고객의 니즈를 정확하게 알고 있다. 그리고 진심으로 고객의 문제를 해결하기 위해 노력한다. 이러한 노력으로 고객은 영업인에 대해 정직함을 느낀다.

구매 후 고객을 후회하게 만들면 안 된다. 영업인은 고객을 위한 '컨설턴트'임을 기억해야 한다. 컨설턴트는 고객에게 정보와 도움을 주는 직업이다. 판매 후 모른 척하는 것은 영업인으로서의 자세가 부족한 것이다.

약삭빠른 영업인이 되지 말자. 고객에게 정직한지, 거짓인지 나는 알고 있다. 자신에게 떳떳한 영업인이 되자. 영업을 하다 보면 유혹의 손길도 많다. 오래가고 싶으면 단호하게 거절하자. 나의 신념을 절대 잃지 말자.

영업인은 고객과 함께해야 행복해지는 직업이다. 고객에게 먼저 행복을 전달하는 영업인이 되자. 고객은 정직한 영업인을 절대적으로 지지한다. 정직을 목숨처럼 생각하자.

철저한 준비가 성공하는 영업인을 만든다

고객이 당황할 만큼 준비하라

K라는 친구가 있다. 이 친구의 성격은 꼼꼼하기로 소문이 났다. 모임이 있으면 수시로 전화하고 문자로 참석 여부를 확인한다. 누가 시키지도 않았는데 스스로 연락한다. 친구들도 평소 K의 꼼꼼함에 혀를 내두를 정도다. 이런 친구의 성격이 업무 스타일에 그대로 묻어나는 것 같았다. 친구들과 이야기를 할 때도 유난히 질문을 많이 하는 편이다. 직업이 일상생활에서도 그대로 묻어나는 것 같았다. 회사에서도 능력을 인정받아 여전히 승승장구하고 있다. 친구지만 배울 점이 많았다. 그리고 이 친구로부터 영업에 대한 많은 영감도 받았다.

2013년 경기도 화성에서 타운하우스 단지를 개발하고 있었다. 담당자와 미팅이 있는 날이었다. P이사란 분이 현장 총괄 담당자였다. 인사를 나누고 상담을 시작했다. 몇 마디를 나눠보니 지금까지 만난 고객들과는 차이가 있었다. 건축자재에 대해 해박한 지식을 가진 분이었다. 영업할 때는 개인적으로 이런 스타일의 고객이 편하게 느껴진다. 건축자재에 전반적인 지식을 가지고 있어서 세부 단계로 바로 넘어갈 수 있기 때문이다. 상담 시간 또한 단축되기 때문에 일정을 관리하는 데도 효율적이다.

방문한 사무실 한쪽에는 전시된 건축자재들이 있었다. 모두 경쟁사들에서 제공한 샘플로 보였다. 전시된 샘플만 봐도 당사 외에 3개 정도의 업체들이 먼저 왔다 간 것으로 보였다.

며칠 후 준비된 샘플을 가지고 현장을 방문했다. 견적서와 제안서를 확인한 P이사는 실망스러운 표정으로 말했다.

"처음 보는 브랜드네요. 가격도 저렴하지 않고요."
"검토 후 연락드리겠습니다."

첫 미팅은 5분이 지나기도 전에 끝이 났다. 결과가 좋지 않을 거란 예감이 들었다. P이사의 말이 맞았다. 당사의 제품은 폴란드, 스페인에서 수입했고 우리나라에는 처음 소개된 제품이었다. 당시 많이 알려진 제품은 스웨덴의 V사와 포르투갈의 T가 제품이었다. 국내 전원주택, 리조트, 타운하우스 현장들 대부분에서 2개의 제품을 사용 중이었다. 가장 큰 문제는 당사의 납품 실적이 전혀 없었다. 고객이 참고할 만한 자료는 리플릿뿐이었다. 사무실로 복귀 후 해결방법을 찾았다.

마침 2주 후에 폴란드 본사 엔지니어가 한국에 방문하는 일정이 이었다. 거래 중인 대리점들에 대한 교육을 위한 방문이었다. 절호의 기회를 어떻게든 살려야 했다. 엔지니어의 방문 스케줄에 맞춰 현장 미팅을 위한 세부 계획을 수립했다. 상무님께 보고 후 동탄 현장 상담에 엔지니어와 동행하는 것을 승인받았다.

P이사와 미팅 일자를 확정하고 다시 방문했다. 외국인을 본 P이사는 놀란 표정이었다. P이사에게 낮은 톤의 목소리로 말했다.

"이사님이 진행하시는 현장을 위해 특별히 준비한 자리입니다. 지금까지 이런 경우는 없었습니다. 폴란드 본사에서 엔지니어를 데리고 왔습니다. 이제 저희가 무엇을 도와드리면 될까요?"

P이사도 기회를 놓칠 리 없었다. 분양하는데 이벤트로 활용할 수 있는 찬스라 생각했을 것이다. P이사는 "저희에게 하루만 시간을 내주시면 감사하겠습니다. 방문객들을 대상으로 이벤트를 하면 좋겠네요. 본사 엔지니어가 사용 방법을 보여주고 고객들은 직접 체험을 했으면 합니다."라고 말했다.

이날 미팅으로 더 이상의 장애물은 없었다. P이사는 오히려 당사의 적극적인 지원을 부탁했다. 며칠 후 분양 예정 고객들을 대상으로 한 행사를 진행했다. 모두에게 도움이 된 결과였다. P이사와 분양 고객들 모두 만족했다. 이후에는 샘플 하우스와 본 물량 등 모든 자재를 납품하는 데 성공했고, 새로 진행되는 경기도 가평 현장까지 수주했다.

당시의 수주를 통해 간절히 원하고 노력하면 원하는 것을 이룰 수 있다는 것을 실감했다. 아무것도 없이 '무'에서 '유'를 만들어낸 성과였다. 회사의 지원과 함께 수주를 위한 철저한 준비가 좋은 결과를 만들었다고 생각한다. 반드시 계약에 성공하겠다는 목표가 있으면 모든 노력을 동원해야 한다. 원하는 결과를 위해 치밀한 계획과 준비는 필수적이다. 희망만으로 변하는 건 아무것도 없다. 수주 영업이나 개인 영업 모두 정도의 차이는 있다. 영업인 혼자 모든 것을 할 수 없다. 고액 계약이거나 다수를 상대하는 영업 건의 경우 회사 차원의 지원은 필수적이다. 유관부서의 협조가 필요할 때도 있고, 경영진의 결심이 필요할 때도 있다. 따라서 영업인은 내부 영업에도 능해야 한다. 영업 현장별 상황에 맞게 치밀한 사전 준비는 필수적인 조건이다.

직장인 영업인에게 해줄 말이 있다. 탁월한 성과를 자신의 능력이라 착각하면 안 된다. 당신의 뒤에는 회사가 있다. 후광 효과는 회사의 규모가 클수록 강하다. 회사의 후광으로 당신의 능력이 돋보이는 것이다. 자만하지 말고 겸손함을 유지하라.

철저한 준비는 작은 것부터

영업인은 고객과 만남을 준비할 때 사소한 부분에도 신경을 써야 한다. 결과는 미처 생각하지 못했던 것에서 결정될 수 있기 때문이다. 철저한 준비로 고객은 만족하고, 상담 과정은 원활해진다.

고객과 상담하기 전에 준비해야 할 사항들이 있다.

첫째, 시간과 동선이다. 하루에 여러 고객을 만나려면 스케줄 계획은 필수다. 무리한 일정은 영업인과 고객 모두에게 좋지 않다. 따라서 일정을 수립할 때 소요될 예상 시간보다 30분 정도 여유를 두는 것이 효과적이다. 일정에 따른 동선도 함께 고려해야 한다.

둘째, 상담 현장을 방문했을 때의 시나리오를 먼저 상상해보면 좋다. 어떤 내용을 전달할지 고객은 어떤 반응을 보일지 상상을 해보는 것이다. 시나리오를 미리 준비하면 대응이 수월하다. 상담 과정이 원활히 진행될 뿐 아니라 영업인이 원하는 방향으로 대화를 주도할 수 있다. 현장 상황을 확인할 수 있다면 미리 체크 후 상담에 임하면 효과적이다.

셋째, 경쟁사를 확인해야 한다. 경쟁사 정보를 확인하지 않는 영업인들이 의외로 많다. 경쟁사의 상품에도 장단점이 있다. 경쟁사 정보를 미리 확인하면 상담의 질이 높아진다. 경쟁사의 단점은 당사의 강점으로 보이게 해야 한다.

넷째, 고객 관심사를 확인해야 한다. 고객마다 관심사가 틀리다. 예를 들어 수주 영업의 경우 과장은 진급, 임원은 조직 관리와 성과 관리, 대표자는 회사 경영이 관심사일 것이다. 직급과 위치마다 관심사에는 차이가 있다. 고객의 위치와 상황에 맞는 관심사를 미리 확인하면 좋다. 고객이 가지고 있는 관심사로 먼저 대화를 시작하자. 그러면 좀 더 부드러운 분위기에서 상담을 시작할 수 있다.

다섯째, 상담에 필요한 준비물을 확인하자. 카탈로그, 회사 소개서 등 필수 자료는 항상 가까운 곳에 두고 있어야 한다. 상담 전에 빠진 준비물은 없는지 몇 번씩 확인해보자.

세일즈에 관해 알프레드 그래넘이 남긴 명언이다.

"내가 평생 동안 세일즈를 통해 얻은 유일한 교훈은 모든 일을 시작하기 전에 철저히 준비하라는 것이다. 인생에서 성공을 바란다면 언제나 주

어진 일에 최선을 다하고 한 우물을 파라는 것이다. 이것이 나의 세일즈 성공철학이다."

영업은 처음부터 끝까지 기획이다. 모든 단계가 철저히 준비되어야 영업에 성공할 수 있다. 계획도 없이 몇 번 시도만 해보다 안 되면 포기하는 사람도 많다. 그러나 포기하는 사람이 많기에 성공하는 영업인은 더욱 빛이 난다.

고수와 하수 영업인들의 모습을 보면 확연한 차이가 있다. 고수 영업인들은 자신이 계획하고 활동하는 모든 것이 시스템화되어 있다. 반면에 하수 영업인들은 임기응변으로 시간만 보내고 있다. 계획한 일보다 돌발적인 일에 관심이 많다. 이들은 그저 그렇게 살아간다.

특별한 영업인이 되려면 특별한 준비를 하자. 원하는 성과를 이루려면 철저한 준비가 있어야 한다. 고객과 관련된 일은 사소한 준비라도 가볍게 생각하지 마라. 고객을 위해 철저히 준비하는 모습은 아름다운 것이다. 편한 길을 가면 평범한 영업인으로 남는다. 우리는 프로 영업인이다. 철저한 준비를 하자. 아무도 가본 적 없는 거친 길을 닦아가며 전진하자.

CHAPTER 6

오래가려면 고객과 함께 성장하라

행복한 영업인은 고객과 친구 사이

광고에서 많이 봤던 슬로건 중 하나는 '고객과 함께 성장하는…', '고객과 함께 하는…'이라는 말이었다. 과연 그 광고들은 진심이었을까? 솔직히 진심이 느껴지지 않았다. 눈에 보이는 것도 없었고, 광고처럼 실천하는 기업도 거의 없었다. 적어도 광고에서 전달하고자 하는 말은 맞는 말이다. 고객과 함께 성장해야 살아남을 수 있다.

2006년 처음 사업을 시작할 때 즈음 신규 거래처가 된 H사가 있었다. 첫 공사를 시작할 때 H사의 N부장이란 분이 실무자였다. N부장의 첫인상은 '따뜻한 사람'이란 느낌이었다. 온화한 표정과 정중한 말투. 반면에 CEO는 거칠어 보였다. N부장이 일하는 것마다 못마땅한 말투로 사사건 건 지적을 했다. 심지어 나와 상담을 하는 중에도 N부장을 나무랐다. 난 N부장이 무엇을 잘못했는지 이해하지 못했다. 진심으로 N부장을 도와주고 싶은 생각이 들 정도였다. H사의 위치는 내 사무실과 가까운 거리여서 N부장과 자주 만날 수 있었다. 한 번은 "부장님 같으신 분이 CEO가 되시면 잘하실 겁니다."라고 말했다. N부장은 손사래를 치며 웃어넘겼다. 퇴근 후에도 부장과 만나 식사를 하며 술 한잔하는 친구 같은 사이가 되었다. 그렇게 자주 만나면서도 N부장은 자기 회사 CEO에 대한 뒷이야기는 하지 않았다. 점점 이 사람을 존경하게 되었다.

2년쯤 지났을 때였다. H사의 직원으로부터 연락이 왔다. 사옥 이전 관계로 협의가 필요하다고 했다. 방문하고 깜짝 놀랐다. N부장이 CEO 자리에 있었던 것이다. 불과 한 달 전에도 만나 이야기를 했는데 그땐 아무 말도 없었다. 미리 말하지 않았던 이유를 물었다. 회사에서는 CEO지만 나와의 관계는 변할 게 없었다. 그런 이유로 말하지 않았다고 했다. 가뜩이나 멋진 사람이 말하는 것까지 멋있게 보였다. 내 기분까지 좋아졌고 진심으로 축하했다. 가깝게 지내던 고객사 부장이 CEO의 자리에 올랐다. 마치 내가 CEO를 만든 것 같은 착각을 했다. 그 정도로 기뻤다. N부장이 CEO가 되는 데 도움 준 것은 없지만 내겐 커다란 보람이었다. 고객과 함께 성장한다는 건 여전한 감동이다.

영업은 많이 판매하는 것만 중요한 것은 아니다. 많은 영업인은 잠재고객, 신규 고객 창출에만 무게를 두고 있다. 그리고 고객과의 첫 만남에만 노력을 집중한다. 진짜 영업은 계약 이후에 시작된다. 주변의 영업인들을 봐도 기존 계약 고객들에 관한 관심은 별로 없었다. 속된 말로 더 이상 빼먹을 것이 없다는 것으로 보였다. 기존 고객이 발전하면 추가 계약으로 이어질 가능성이 높아진다. 그리고 기존 고객은 소개로 확장될 가능성이 많은 고객 집단이다. 그뿐만 아니라 소개받은 영업 건은 구매확률이 훨씬 높다. 효과적인 고객 관리 여부로 영업인들의 실력이 가려진다. 고객 관리는 실적과도 연결된다. 따라서 기존 고객들에 대한 애정과 관심이 있어야 한다. 내가 실패했던 원인 중 하나도 기존 고객들의 중요성을 간과했던 것이다. 그래서 기존 고객 관리의 중요성을 실감한다. 그들은 이미 당신을 신뢰하고 선택했던 고객이다. 계약이 종료됐다고 해서 기존 고객들을 내버려두면 안 된다. 함께 성장하고 발전하는 모습을 서로 격려해주는 파트너가 되어야 한다.

고객이 성장해야 영업인도 성장한다. 고객의 수입이 늘어나면 영업인의 수입도 늘어난다. 이 단순한 사실을 부정하는 영업인은 없을 것이다.

영업인이 판매한 상품에 만족해야 협력 관계는 지속된다. 지금과 같이 경기가 어려운 상황에서 고객이 어려워지면 그에 따른 영향은 영업인에게 미치게 된다. 고객이 성장해야 영업인도 성장하고 오래갈 수 있다.

ROTC 출신인 B라는 동기가 있다. B동기를 알게 된 지는 3년 정도 되었다. 처음 만났을 땐 경기도 A대학교 창업보육센터에서 사업을 하고 있었다. 안양 인덕원으로 사옥 이전을 할 때 사무 가구 구매를 의뢰하면서 알게 되었다. B동기는 구매의 모든 과정에 걸쳐 나를 신뢰했다. 그런 동기의 마음을 이해하니 더욱 관심이 깊어졌다. 그에게는 조금이라도 더 도움을 주고 싶었다. 사옥을 이전하면서 지출되는 비용이 많았을 것이다. 당사에서 공급받았을 때보다 더 저렴하게 가구를 구매하는 방법들을 알려줬다. 새로운 둥지에서 시작하는 B동기의 발전을 진심으로 기원했다.

B동기가 경영하는 회사는 많이 성장했다. 3명이었던 직원이 지금은 수십 명으로 늘어났고, 회사의 규모도 커졌다. 구매가 필요한 물품이 생기면 직원을 시키지 않고 항상 B동기가 연락했다. 작은 것까지 세심한 관심을 가져주는 친구다. B동기는 명절 때마다 선물까지 보내준다. 동기 사이지만 이 친구를 보면 훌륭한 사업가의 모습을 보는 것 같다. 얼마 전에는 사단법인까지 설립해서 새로운 단체를 만들었다. 이 친구에겐 배울 점이 많다.

며칠 전 B동기는 회사 직원들을 데리고 전시장을 방문했다. 회사의 가구 교체를 위한 사전 미팅이었다. 사무 가구 교체라는 것은 별일 아닌 것처럼 보일 수 있다. 난 사무 가구 교체사업은 고객이 성장한다는 의미로 받아들인다. 그래서 B동기가 전시장을 방문한다는 사실만으로 기분이 좋았다. B동기의 성공과 회사의 발전을 진심으로 기원한다. 내가 도울 수 있는 것이 있다면 기쁜 마음으로 함께할 것이다.

마지막까지 함께하라

사무 가구 사업을 하다 보면 고객의 성장과 쇠퇴를 가까이서 보게 된다. 기업이 성장하면 신규 직원을 채용하고 구매가 늘어난다. 쇠퇴하면 폐업할 때 즈음 담당자로부터 연락이 온다. 중고가구 가격을 잘 받을 수 있는 곳을 소개해달라는 것이다. 이런 연락을 받으면 온종일 마음이 불편하다. 개인 고객도 마찬가지다. 고객의 수입이 지속해야 무엇이라도 구매할 가능성도 커진다. 고객이 행복해야 영업인이 행복하다.

이런 이유로 나는 '동반성장'에 관심을 가졌다. 어떤 이는 '내 것을 퍼주면서까지 남을 도와야 하는가.'라고 생각한다. 하나의 사실에도 사람마다 보는 시각이 다른 것이다. 난 함께 살아가는 세상에 더 가치를 둔다.

임일곤 기자가 쓴 2014년 9월 3일자 비즈워치 기사의 일부다.

"샤오미는 '미펀(Mi Fen, 米粉)'이라 불리는 팬클럽이 있다. 이는 고객을 단순히 물건을 사는 사람으로 취급하는 것이 아니라 연예인과 팬 관계처럼 동반성장하는 것으로 보기 때문에 가능하다."

동반성장의 가치는 내 것을 주는 것보다 함께 살아가는 것이라 생각한다. 나는 동반성장의 가치를 믿는다. 우리 모두 함께 성장하자는 말이다. 지금까지는 한 사람의 행복을 위해 많은 사람의 희생을 강요했다. 대기업 중심의 성장에서 협력사인 중소기업들과 함께 상생하는 것이 필요하다. '갑'이 모든 걸 가져가면 많은 사람이 불행해졌다. 이제는 대기업의 힘만으로 기술과 경제의 빠른 속도의 변화를 따라가지 못한다. 동반성장은 기업뿐만 아니라 개인 관계에서도 적용할 수 있다고 본다. 영업인은 동반성장의 중심에서 가치 있는 역할을 할 수 있는 사람들이다. 그러므로 고객의 성장을 응원하고, 힘이 들 때 격려하는 관계가 돼야 하지 않을까. 고수 영업인은 판매에만 목적을 두지 않는다. 자신이 판매한 상품은 끝까지 책임지고, 고객의 성장을 위해 꾸준한 소통을 하한다.

오랫동안 함께 가려면 고객의 비판을 두려워하지 말자. 고객의 합리적 비판을 통해 영업인은 발전한다. 진심으로 고객의 성공을 원하고 응원하는 영업인이 되자. 영업하면서 고객과 친구가 된다는 건 멋진 일이 아닐까. 꼭 기억하자. 고객이 성장하면 영업인도 성장한다. 오래가려면 고객과 함께 성장하라.

CHAPTER 7

결과로 평가받는 것에 익숙해져라

영업은 어렵지만, 도전한다

결과가 가치 있는 것일까? 아니면 과정이 가치 있는 것일까? 이 질문에 대한 정답은 없다. 개인이 가진 가치의 기준에 따라 결정하면 되는 것으로 생각한다. 영업이란 직업은 원하든, 원하지 않든 결과로만 평가받는다. 영업으로 성공하고 싶다면 결과에 익숙해야 한다.

군 복무를 마치고 전역하는 시기에 여러 동기가 보험사에 취직했다. 직장근무 중인 동기들, 부대에 함께 복무했던 선후배 현역 군인들에게도 보험 판매를 위해 노력했다. 사회경험이 없었으니 연고 영업만 했던 것으로 기억한다. 보험사에 근무하던 많았던 동기들은 이제는 거의 없다. 젊은 시절 왕성한 혈기로 뛰어들었지만 대부분 실패로 끝난 모습이었다. 당시에는 뭐든지 할 수 있다는 생각으로 영업을 시작했을 것이다. 영업이란 할 수 있다는 마음만으로 되는 것이 아니다. 농부의 마음으로 비가 오나 눈이 오나 관심과 애정으로 보살펴야 한다. 힘든 과정들을 거쳐야 비로소 결과로 나오는 것이다.

20년 가까이 영업을 하고 있지만 쉽게 결과를 얻은 적은 없었다. 영업은 결코 쉬운 직업이 아니다. 정말 어려운 직업이다. 처음 영업을 하는 사람들은 열정만 있으면 할 수 있다고 착각한다. 그래서 영업을 시작하는 사람들이 많다. 영업을 시작하는 사람들은 성공하고 싶어 하고, 큰돈을 벌어보겠다는 꿈을 가진다. 하지만 현실은 어떤가. 성공한 사람들은 극소수고 얼마 버티지 못한 채 떠나게 된다. 준비되지 않은 영업은 회사와 영업인 모두에게 손해만 가져올 뿐이다. 영업을 포기하는 것에는 이유가 있다. 일찍 포기하기 때문이다. 고객은 한 번의 손짓에 반응하지 않는다.

영업은 다섯 번을 부딪쳐야 결과를 알 수 있다. 고객이 반응하는 한 번의 거절에 44%, 두 번의 거절에 22%, 세 번의 거절에 14%, 네 번의 거절에 12%의 영업인들이 포기한다. 단 8%의 영업인만 살아남는 것이다. 필드 영업을 하면서 이 수치가 진실임을 깨달았다. 경쟁자들이 포기할 때까지, 고객의 마음이 열릴 때까지 다섯 번만 두드려보자.

누군가 결과로 평가받는 것은 냉정한 것이라고, 과정을 무시한 결과는 가치가 없는 것이라고 말했다. 내 생각은 다르다. 단언컨대, 영업에 있어서만큼 이 말은 틀렸다고 생각한다. 영업은 결과로 평가받기 때문에 공정하다. 영업에는 어떠한 주관도 개입될 수 없다. 숫자가 모든 것을 말해주기 때문이다. 프로 영업인은 과정의 구차한 핑계 따위는 하지 않는다.

내 성격은 원래 내성적인 편이었다. 대학생이 되면서 의식적으로 성격을 바꾸기 시작했다. 신입 영업사원 시절에는 처음 보는 사람과 대화하는 것도 힘들었다. 이런 성격으로 인해 목표했던 실적과는 거리가 멀었다. 내 성격을 알기에 무조건 바꿔야 했다. 바꾸지 않으면 영업을 계속할 수 없을 것만 같았다.

"이동현! 딱 1년만 해보자."

혼자 결심을 했다. 그리고 다음과 같이 나 자신과 약속했다. 첫째, 아침 6시 기상, 7시 사무실 도착. 둘째, 세일즈 세미나 및 강연 참석하기. 셋째, 매일 다른 사람과 식사하기. 넷째, 주간 계획표, 일일 계획표 기준으로 영업하기. 다섯째, 매출목표 120% 달성하기. 여섯째, 매월 5가지를 달성하면 자신에게 선물하기. 6가지 약속이었다.

처음 한 달간은 실천하는 것이 힘들었다. 그동안 계획 없이 영업하던 습관을 시스템화하니 몸이 움직이지 않았다. 실천하는 것이 힘들었지만 시스템에 나를 넣어버렸다고 생각했다. 그리고 시스템 안에서만 움직일 거라 결심했다. 1년이 되기도 전에 성격이 바뀌고 습관이 바뀐 것을 느꼈다. 원하는 결과는 자연스럽게 따라오게 되었다.

19년이 지난 지금도 시스템 안에서 모든 활동을 하고 있다. 자신의 영업 방식을 시스템의 틀 안에 넣지 않으면 임기응변식 영업이 된다. 시스템이 없으면 변수에 휘둘리게 된다. 이것은 영업이라 할 수 없고 성과도 없다. 변화된 결과를 원한다면 자신의 습관부터 바꿔야 한다. 영업은 목적과 플랜이 명확해야 방향을 잃지 않는다.

영업인이 신경 써야 하는 것은 고객의 거절과 주변의 따가운 시선이 아니다. 진짜 중요한 것은 자신이 원하는 목표를 위해 지금 당장 실행하는 것이다.

결과를 인정하라

2017년 경인 지역 B공공기관을 영업하며 경험한 일이다. 신규 단체 설립이 계획된다는 정보를 확인하고 영업을 시작했다. 담당자를 만나고 첫 미팅을 했다. 공공기관을 대상으로 영업을 할 땐 특수한 조건이 있다. 관내에 소재한 업체를 우선으로 계약하는 것이다. 당사는 그 지역의 관내 업체가 아니었다. 이미 사실을 알고 있었기에 신경 쓰지는 않았다.

나의 영업 스타일은 이것저것 가리지 않는다. 오직 되는 것만 생각하고 되게 만드는 것이 목표다. 수주에 실패해도 다른 현장에 집중하면 그만이다. 다만 담당 주무관의 반응이 부담스러운 표정이었다. 상담을 마치고 나왔다.

며칠 뒤 확인했다. 지역 관내 업체가 나보다 먼저 담당자와 미팅을 한 사실을 확인했다. 그래도 개의치 않았다. 공사 중인 현장이 지나가면서도 보이는데 경쟁사가 그냥 지나칠 리 없었다. 당사는 현장을 실측한 자료를 기초로 도면과 제안서 작성 후 담당자에게 제출했다.

얼마 뒤 B공공기관의 현장은 당사가 수주하게 되었다. 이 사실을 알게 된 경쟁사 대표로부터 전화가 왔다. 관내 업체도 아닌데 왜 남의 지역에 와서 영업하냐고 따지는 것이다. 기가 막힐 노릇이었다. 수의계약 시 관내 업체를 우선한다는 것은 권장사항일 뿐이지 강제하는 규정은 없었다. 그리고 결과는 B공공기관에 따져야 할 문제였다. 결과를 인정하는 것이 영업인의 자세다.

경쟁사 대표는 자신의 업체가 관내 업체임에도 수주에 실패했다. 그러면 실패의 원인 분석을 먼저 해야 한다. 경쟁사가 먼저 영업을 시작했고, 당사보다 빠르게 움직였다. 게다가 관내 업체라는 이점을 가지고 있었다. 당사는 핸디캡을 극복해야 했다. 그래서 담당자와의 첫 미팅 때 이미 승부수를 던진 것이다. B공공기관의 담당자는 나의 제안을 받아들였고 그 결과 당사가 수주했다. 그렇다면 관내 업체와 계약하는 관행을 뛰어넘는 조건은 무엇인지 경쟁사에서는 이 부분을 고민해야 한다.

영업을 열심히 하고 관심을 쏟아도 계약하지 못하면 '0'이 된다. 그동안의 과정은 보상받지 못한다. 돌아서는 뒷모습만이라도 고객의 기억에 남아있다면 다음을 기약할 수 있다. 같은 실패를 하더라도 '배우는 실패'를 해야 한다. 그러기 위해선 실패의 원인을 분석하는 것이 필요하다. 원인을 분석하면 같은 실패는 하지 않게 된다. '배우는 실패'를 반복하면 영업인은 성장한다. 그러면 어느새 프로 영업인의 모습으로 변화된 자신의 모습을 볼 것이다.

고객을 찾지만 말고 이제는 찾아오게 만드는 영업도 함께 해야 한다. 지금은 어느 때보다 찾아오게 만드는 영업을 쉽게 할 수 있는 시대다. SNS, 유튜브, 블로그, 카페를 적극적으로 활용해보기 바란다. 오프라인으로 방문 영업, 개척 영업만 했다면 디지털 영업에도 관심을 가져야 한다. 기대 이상의 확장성을 보여줄 것이다. 디지털 영업을 할 때도 제대로 해야 한다. 고객을 직접 만난다는 마음가짐으로 정성을 쏟아야 한다.

영업인은 책상에 앉아 있는 직업이 아니다. 가만히 있으면 아무 일도 일어나지 않는다. 변화되는 것도 없이 감각만 떨어질 뿐이다. 사무실에서 업무가 끝나면 곧장 밖으로 나가자. 놀아도 밖에서 노는 게 영업인이다.

적당함에 익숙해지지 말자. 모든 결과는 내 손에 달렸다. 결과의 주인공은 바로 나 자신이다.

과정의 고단함은 나만 알면 된다. 누구에게도 불평하거나 말할 이유가 없다. 영업은 절대 배신하지 않는다. 내가 선택한 직업이기에 모든 책임은 스스로 져야 한다. 영업은 누군가 성장시켜주는 직업이 아니다. 스스로 성장해야 하는 직업이다. 그렇기에 어떠한 직업보다 가치가 있다. 우리가 보여주는 건 결과뿐이다. 그러므로 결과로 평가받는 것에 익숙해져라.

이제부터는 을이 아닌 '갑' 영업인이 되라

신입 영업사원 시절부터 지금까지 많은 경험을 했다. 좌충우돌하며 싸우고 터지면서 배웠다. 다양한 경험이 나를 성장시켰다. 난 고객에게 제공하는 제품과 서비스에 모두 자신 있었다. 영업이란 직업에 누구보다 자부심을 느꼈다. 이 마음은 여전히 변함없다. 그리고 영업을 하면서 나 자신을 '을'이란 단어로 규정했던 적이 없다.

영업인은 결코 '을'이 아니다. '을'이란 기준은 우리 영업인이 만들었다. 영업인은 고객의 동반자가 되어야 한다. 그것이 고객을 위한 길이고 영업인이 성장하는 길이다.

영업인은 '을'이란 생각을 버려야 한다. 자신을 낮게 인식하는 사람이 성공한 경우는 없다. 지금부터 힘들게 찾아가서 굽신거리는 영업은 하지 마라. 스스로 '을'의 위치를 자초하지 마라. 자신을 고객과 같은 '갑'이란 마음으로 영업하라. 이것이 옳은 생각이다.

퍼스널 브랜드를 구축하고 가치를 판매하라. 상품의 가치에 스토리를 입힌 상품은 명품이 된다. 오프라인에만 목숨 걸지 마라. 경쟁자들의 뒤꽁무니만 따라가는 꼴이다. 온라인에서 자신의 브랜드를 무한확장하라. 내가 어떤 사람이고 어떤 일을 하는지 알려라. 그리고 고객 스스로 찾아오게 만들어라. 고객이 당신을 먼저 알아본다면 성공한 것이다.

　자신의 문제를 알고 있지만 개선하지 않는 영업인이 많다. '나는 할 수 있다.'라고 열심히 외쳐보지만 바뀌는 건 없다. 이 책을 읽고 뭔가 느꼈지만 아무것도 실천하지 않는 사람. 그것은 '결심하고도 실천하지 않는 것'과 똑같다. 배웠으면 반드시 실천하라. 자신만의 비법으로 만들어라.
　그리스의 철학자 에픽테투스는 이렇게 말했다.

"환경이 사람을 만드는 것이 아니다. 환경은 단지 사람이 자신의 본질을 드러내도록 만들 뿐이다."

　사람이 환경을 만든다. 불평불만으로 사는 사람은 온 세상이 불평불만으로 보인다. 내가 의식하는 것이 환경이다. 환경은 곧 나의 의식으로 만들어진 현실이다. 의식을 확장하는 훈련을 해라. 훈련 방법이 궁금하면 내게 연락하라. 단련하는 방법을 알려주겠다. 단, 열정과 간절함이 있는 사람이어야 한다.
　이 책 여러 곳에서 멘탈의 중요성을 강조했다. 자신감 있는 영업은 굳

건한 멘탈이 있어야 한다. 당장의 고단함을 이겨내고 인내하자. 실패하면서도 꿈을 놓지 않는 영업인이 성공한다. 무쇠처럼 강력한 멘탈은 '갑' 영업인의 기본 자질이다.

영업인이 시계나 쳐다보며 시간을 보내는 순간 나락으로 떨어진다. 성공의 기회는 우리 주위를 맴돌고 있다. 다만 자신의 가능성을 깨닫지 못하고 있기에 성공을 잡지 못할 뿐이다. 자신의 무한한 잠재력을 믿어야 한다. 자신을 믿으면 가능성이 보인다. 가능성을 보고 빨리 그리고 정확하게 움직여라. 계속 뛰어야 한다.

영업은 결과다. 매출이다. 프로 영업인은 결과에서 기쁨과 만족을 찾는다. 반면 실패한 영업인은 '난 열심히 했어.'라고 스스로 위로한다. 이들은 과정에서 만족을 얻는다. 밥을 굶고 싶다면 과정에 만족하라. 바닥에서 인생을 헤매고 싶다면 과정에 만족하라. 영업인이 과정에 만족하는 사람이 되어서는 안 된다. '인내는 한 근이지만, 실패는 천 근의 무게로 압박한다.' 갑처럼 영업하고 싶은가? 인내하고 인내하라. 그리고 원하는 결과를 반드시 성취하라.

영업인의 목표가 클수록, 꿈이 많을수록 더 많은 장애물이 있다. 넘어지지 않는 인생은 없다. 장애물을 대하는 태도에 따라 결과는 달라진다.

긍정적이고 단호한 태도로 대응한다면 더욱 강해지고 단련될 것이다. 지금까지 나약했던 자신의 모습은 버려라. 결코, 당신과 어울리는 모습이 아니다.

자부심이 부족한 영업인은 고객이 신뢰하지 않는다. 왜냐하면 이런 영업인은 성실하지 않고 진실하지 않은 사람이기 때문이다.

자신이 최고란 사실을 스스로 인정하라. 오늘부터 자기 일에 최고가 되겠다고 다짐하라. 꾸준한 결심과 실천은 머지않아 인생의 전환점을 맞이하게 할 것이다. 프로 영업인과 일반 영업인은 한 끗 차이다. 사소한 습관의 차이가 수준의 차이를 만든다. 프로 영업인도 처음에는 밑바닥부터 시작했다. 최고가 되겠다는 목표와 실천이 프로 영업인을 만들었다. 당신도 할 수 있다. 내일의 주인공은 바로 당신이다.